领导梯队

成为创造价值的领导者

原书第 3 版

[美] 拉姆·查兰 | 斯蒂芬·德罗特 | 吉姆·诺埃尔 | 肯特·约纳森 著
RAM CHARAN | STEPHEN DROTTER | JIM NOEL | KENT JONASEN

杨懿梅 译

中信出版集团 | 北京

图书在版编目（CIP）数据

领导梯队：成为创造价值的领导者 /（美）拉姆·查兰等著；杨懿梅译. -- 北京：中信出版社，2024.
9. -- ISBN 978-7-5217-6678-3（2025.1重印）
Ⅰ . F272.91
中国国家版本馆 CIP 数据核字第 2024A1X864 号

The Leadership Pipeline: Developing Leaders in the Digital Age, 3rd Edition
ISBN 9781394160976
Copyright © 2024 by Ram Charan, Stephen Drotter, Jim Noel, Kent Jonasen
All rights reserved.
Authorized translation from the English language edition published by John Wiley & Sons Limited.
Responsibility for the accuracy of the translation rests solely with China CITIC Press Corporation and is not the responsibility of John & Sons Limited.
No part of this book may be reproduced in any form without the written permission of the original copyright holder, John Wiley & Sons Limited.
Copies of this book sold without a Wiley sticker on the cover are unauthorized and illegal.
Simplified Chinese translation copyright © 2024 by CITIC Press Corporation.
All rights reserved.
本书仅限中国大陆地区发行销售

领导梯队——成为创造价值的领导者
著者：　　［美］拉姆·查兰　　［美］斯蒂芬·德罗特　　［美］吉姆·诺埃尔　　［美］肯特·约纳森
译者：　　杨懿梅
出版发行：中信出版集团股份有限公司
　　　　　（北京市朝阳区东三环北路 27 号嘉铭中心　邮编　100020）
承印者：　北京通州皇家印刷厂

开本：880mm×1230mm 1/32　　印张：9.5　　字数：200 千字
版次：2024 年 9 月第 1 版　　　　印次：2025 年 1 月第 3 次印刷
京权图字：01-2024-3111　　　　　书号：ISBN 978-7-5217-6678-3
　　　　　　　　　　　　　　　　定价：69.00 元

版权所有·侵权必究
如有印刷、装订问题，本公司负责调换。
服务热线：400-600-8099
投稿邮箱：author@citicpub.com

目 录

致中国读者 / 拉姆·查兰　杨懿梅　　　　　　　　　V
推荐序一 _ 打造一支能"赢"的团队 / 关明生　　　IX
推荐序二 _ 以领导力驱动组织发展 / 冯晓晋　　　　XIII
推荐序三 _ 助力领导者成功转型的宝典 / 徐中　　　XIX
前　言 _ 　　　　　　　　　　　　　　　　　　　XXV
新版介绍 _ 　　　　　　　　　　　　　　　　　　XXXIII

第一部分
领导梯队为什么事关重大

第一章　领导梯队是什么

　　领导梯队的指导原则　　　003
　　领导梯队的典型角色　　　006
　　各个角色的工作职责　　　018
　　各个角色的转型升级　　　021
　　发展规划的全新视角　　　027
　　领导梯队的应用指南　　　029

第二章 领导梯队有什么用

　　加强薄弱环节　　　　　　　032
　　降低隐性成本　　　　　　　034
　　夯实人才储备　　　　　　　035
　　支撑未来发展　　　　　　　037
　　共担建设责任　　　　　　　041

第二部分
领导梯队有哪些典型角色

第三章 初级经理人：如何领导员工

　　明确工作职责　　　　　　　046
　　拆解转型升级　　　　　　　052
　　直面常见问题　　　　　　　058
　　细化角色差异　　　　　　　067

第四章 中级经理人：如何领导初级经理人

　　明确工作职责　　　　　　　073
　　拆解转型升级　　　　　　　078
　　直面常见问题　　　　　　　084
　　细化角色差异　　　　　　　093

第五章 职能负责人：如何领导职能部门

　　厘清角色定位　　　　　　　097

明确工作职责	100
拆解转型升级	107
直面常见问题	116
提升心智成熟度	127

第六章 业务一把手：如何领导业务

厘清角色定位	131
明确工作职责	132
拆解转型升级	140
直面常见问题	146

第七章 企业领导者：如何领导企业

明确工作职责	157
拆解转型升级	166
直面常见问题	172

第三部分
领导梯队该如何落地应用

第八章 领导梯队的应用策略

构建角色画像	182
选择启动方式	185
适配现有体系	187

第九章 领导梯队的实战心得

启动必读　　　　　　　　194

业务一把手必读　　　　　197

人力负责人必读　　　　　198

HRBP 必读　　　　　　　201

警惕常见错误　　　　　　204

解决梯队堵点　　　　　　205

最后提个请求　　　　　　207

第十章 用于绩效对话，做好育人留人

把握绩效对话关键　　　　209

关注两类重要问题　　　　211

如何用好绩效圈　　　　　213

如何实现全面绩效　　　　219

做好育人，有助留人　　　226

第十一章 用于特殊角色，支撑新型组织

项目负责人　　　　　　　229

敏捷组织中的领导角色　　233

外包人员负责人　　　　　239

资深中级经理人　　　　　243

集团事业群负责人　　　　247

致中国读者

拉姆·查兰　杨懿梅

当今时代，几乎所有人都感受到了"百年未有之大变局"的强烈冲击。这些变化是深刻、复杂、结构性的，能彻底颠覆我们曾经熟悉的市场环境、行业格局和企业经营。国内市场的内卷，国际形势的莫测，以及随之扑面而来的诸多挑战，似乎瞬间摧毁了记忆中的岁月静好。

在这个充满焦虑、困惑及迷茫的时代，企业特别需要强有力的领导者具备勇气和智慧，带领大家回归企业经营的本质，在各种纷繁的事务中聚焦客户体验，强化客户联结，拥抱新技术（如人工智能），探索新疆域（如海外市场），把变化转变成优势，坚定不移地为客户、员工、股东、社会持续创造更大的价值。毫无疑问，当今时代对企业各级领导者的要求与期待，都远超以往。

在大变局时代，有什么是不变的？有什么能经受时间的考验，真正帮助各级领导者面对更大的挑战，勇于挺身而出，同时，让他们勇于面对更高的期待，敢于迎难而上？

领导者的成长路径总是有迹可循的，没有人生来什么都会。几乎每位为世人所敬仰的企业家都有一个不那么起眼的开始。他们往往是从自己干开始，即个人贡献者，之后逐步走上领导岗位；先是带几个人，后来带几十个人，再后来随着企业发展壮大，一步步成长为统领数百、数千、数万乃至数十万人的企业领导者。在这个过程中，他们需要承担不同的领导角色，在不同领导角色的转换之中逐步完成转型升级，一路走来往往全靠自己摸索琢磨，感觉是刚从一个坑里爬出来，又一不留神掉进下一个坑。本书总结的常见问题，不少源自他们的经验教训。

所幸的是，今天的我们不必如此艰辛。我们有《领导梯队》，其方法论能经受时间的考验，能历久弥新地帮我们避坑，助我们成长。自首次出版以来，"领导梯队"这一概念已在全球普及，成为各界广泛接受的理解领导职责、培养领导人才及指导梯队建设的基本原理和框架体系。第3版的更新旨在帮你更好地直面新时代的新挑战：不仅主动迭代，更加结构化地梳理了典型领导角色的工作职责，容易出现的常见问题，以及在工作理念、时间分配及领导技能三方面所需的转型升级，让领导人才的成长与培养更有的放矢；同时，聚焦实战，更加系统性地分享了实践应用中的策略与心得，以及如何灵活敏捷地适配各种运营模式及组织形态，让领导梯队更好用、更有用，真正帮助企业赢在当下，制胜未来。

特别感谢广大中国读者对我们的厚爱，是你们的孜孜以求，让我们有机会与大家交流分享，让"领导梯队"有机会帮助中国企业发展成长；是你们的丰富实践，你们的敏锐洞见，尤其是你们的犀利问题，让我们对领导人才选拔培养、组织梯队建设以及新时代组织形态的演进迭代，有了更为深入本质的思考；也是你们多次在交流现场的强烈建议，在很大程度上促成了新版《领导梯队》问世。真是没有大家，就没有这本书。

最后，本书的翻译、出版，是各方通力合作的成果。感谢中信出版社赵辉、张飚和魏辰翔的鼎力支持与认真指导，对译文主旨思想、关键点表述及行文风格反复斟酌并严格把关，确保本书中文版在信、达、雅等方面，都更加符合中国读者的审美和中国企业的需求。

企业成败，关键在人，尤其在领导者。希望本书能帮你做好准备，把领导人才培养及梯队建设打造成组织的竞争优势，为企业在大变局时代保驾护航。

2024 年 5 月 19 日

推荐序一

打造一支能"赢"的团队

关明生

阿里巴巴前总裁、首任COO（首席运营官），

创业者和企业家教练，《关乎天下》作者

很高兴读到新版的《领导梯队》，感谢拉姆·查兰先生的卓越工作。

从阿里COO岗位上退下来以后，我在过去的十几年间，作为管理教练和企业家教练，帮助和辅导过不少创业者、首席执行官和他们的高管团队，看过不少企业在云谲波诡的市场里沉浮。我认为经营的成效主要依赖于策略和领导力，发展生意和发展人永远都是相辅相成、缺一不可的！所谓策略，就是《孙子兵法》里说的"胜兵先胜而后求战"里的那个"先胜"，即首先要知道生意如何赢；而"求战"，必定需要一支能征善战的铁军把"赢"的策略执行下去，所以领导力是必不可少的。

我见过太多的创始人和管理者，自己本身是绝顶聪明的高手，

或者自己本身就是策略大师，却因为没有好的领导梯队，导致无法复刻这份聪明，无法落地赢的策略。团队里的错位比比皆是：从首席执行官开始，只做武侠高手带人打架攻擂，而不做元帅、将军带兵征战打仗——高级经理人做着中层的事儿，管理者做着员工的事儿，员工只好给老板做"加油打气啦啦队"的事儿……层层错位降级，导致团队低水平重复，公司业务很难更上一层楼。这样的情况，可以说天天都在发生，无论是对人才、金钱，还是对时间、机会，都是隐性的巨大浪费。所幸，查兰先生的《领导梯队》给这样的错位提供了完整的解决方案。

这本书详尽阐述了初级经理人、中级经理人、职能负责人、业务一把手、企业领导者，共五级梯队的角色定位、工作职责、常见的管理问题，以及从下一级提拔到高一级的转型升级需要面对的挑战；全书脉络清晰，非常严谨，还有很多生动的例子。行文的场景感很强，让我很容易就联想起过往工作中的人和事，读来会心一笑。阿里早期的时候，也是花了很多精力让那些刚成为经理的业务骨干学会"通过他人拿结果"，要克制住自己冲到一线快意恩仇的冲动，要去培训下属，教带下属，发展更多的人。为此，公司甚至愿意牺牲一些销售额，牺牲一些效率，让大家切实知道"自己是谁，自己该做什么"。

这个过程除了一定的领导技能训练，更重要的就是持之以恒地去做。关于此，我非常欣赏和赞同查兰先生在对每级领导者进行阐述的时候，都会从三个方面谈及他们的改变：工作理念、时间分配和领导技能。尤其对于时间分配这一项，我非常赞同！因为无论领导技能多么纯熟，无论你嘴上如何强调自己愿意承担领导者角色转型的挑战，只要你不花时间，你就没有真正重视和改变。所以，时间分配是一个拿脚投票的务实过程，它揭示了一个非常朴实的道理：真正实现改变，都要花时间，无法一蹴而就。我们在辅导企业的过程中，见过太多首席执行官说找不到人才，或者团队成长太慢。这个时候，我们就会问两个非常重要的问题：首席执行官到底有没有花时间找人才？领导者们有没有去教去带自己的团队？

我记得阿里铁军广东大区还是老陆（陆兆禧）做总经理的时候，为了能够达成目标，有些主管看下属做不出业绩，就自己冲上去当销售员卖东西。当时我明确立下规矩：主管不能干下属的工作，你可以去教去带，但是你不能亲自去卖；如果你觉得自己是一个能手，那就请你回到能手的位置上，不要带兵了；做领导的就是要干"通过他人拿结果"的工作。有了这样的坚持，老陆他们也执行得非常坚决，广东大区经过一段艰难的下滑时光，最后有了漂亮的突破，各级领导梯队上行下效，把自己摆在了正确的位置上。所有这一切，都离不开花时间。后来在辅导首席执行官时，我们另设了一项服务，就是派员跟随首席执行官一两个星期做"隐者"，仔细记录首席执行官每天的时间都花在什么事情上，并给首席执行官做事后分析，让他们知道自己该如何分配企业最宝贵的资源——首席执行官的时间。结果往往出人意料，令首席执行官们瞠目结舌！感谢查兰先生在领导梯队建设的三大输入上，把时间分配作为一个单独要素，进行反复强调。

新版的《领导梯队》还补充了关于数智化时代和后疫情时代，在工作方式变更、组织形态多样化的情况下，如何落实领导梯队的一些建议。在这里，我要表达对查兰先生的敬意，他 80 多岁了，除了笔耕不辍，还做了大量与时俱进的研究，对各类干系人在领导梯队建设中应有的态度和做法，给出了详尽的指导，甚至还给出了开放案例。这种不断追求卓越的精神，非常值得我们学习。

强烈推荐大家阅读这本书！书中的内容值得大家活学活用，结合自己生意所处的阶段和团队规模去践行。

推荐序二

以领导力驱动组织发展

冯晓晋

领导梯队学院（中国）院长，

中国人民大学商学院 EMBA 课程教授

领导梯队理论和实践，作为管理和领导力发展学界耳熟能详的方法论之一，常被称为人才发展圣经。但长期以来，国内企业界和管理学界对此理论与实践的底层逻辑提出过诸多困惑，也存在一些误解。我想借此机会做一些澄清和解释。

领导梯队源于通用电气。1956 年，通用电气的年销售额已接近 30 亿美元，其 CEO（首席执行官）拉尔夫·科迪纳建立了全世界第一所企业大学——克劳顿维尔学院，开始系统化、内生式地培养人才，领导梯队模型也应运而生。这个模型实质上解决的问题是：当业务规模达到一定程度后，如何系统化地发展和培养人才，让人才培养的速度跟得上业务发展的速度？如何让企业的战略和雄心能够通过不同管理层级与角色的人才队伍落地并实现？自这个理论诞生至今的半个多世纪，领导梯队的方法论早已走出通用电气，在《财富》世界500强中的100多家公司得到了不同程度的运用和实施，有效推动和助力了企业的发展。自2011年《领导梯队》中译本在中国出版后，此理论深刻影响了中国本土企业的领导力发展和管理提升。

要了解领导梯队模型，核心是知晓其出发点和专业方法论。领导梯队理论和实践是从组织进化出发，来审视领导力体系和人才发展，而不是从管理者个人的性格、特质、情商、能力等方面切入。因此运用和实践领导梯队理论，首先需要理解企业的发展现状和战略挑战，并从战略和目标出发来探索企业对不同层级与角色的管理者的要求。也就是说，领导梯队是个动态模型，要根据企业的实际情况、战略和业务场景来绘制，从而构建能融合企业战略目标、管理文化和管理语言的领导力与人才发展体系。

从组织出发，领导梯队理论提出管理者的"转型三要素"，也就是工作价值观[1]、时间分配和领导技能。

我们先谈谈"工作价值观"。正如德鲁克所说，卓有成效的管理者需要思考的问题不是"我想要做什么""我喜欢做什么"，而是"什么事情是必须做的""这对企业来说是正确的事情吗""在未来3年，公司期望我做出哪些贡献，我要致力于取得什么成果"。这些问题需要管理者从组织出发来思考，界定自己的工作优先级和重点。而"工作价值观"指的就是：在当前这个位置上，比如作

---

[1] 英文为work values，直译为工作价值观，考虑到中文表达以及不同版本内容的延续性，本书译者翻译为工作理念——编者注

为总经理，有哪些事情如果我不做就会掉链子、出问题？我如何思考，具体什么样的心智模式、思考方式，才能为组织贡献最大的价值？

在"工作价值观"之后，我们需要考虑"时间分配"。时间是管理者最为稀缺和宝贵的资源，随着职位晋升，管理者需要系统化、有目的地放手，从而将自己的时间用在最重要、最核心的事项上。时间分配是我们诊断管理者转型是否成功的重要依据。也就是说，我们可以通过观察管理者在忙什么，他忙碌的是不是他在这个职位上最应该做的，判断其日常管理行为的有效性。

在"工作价值观"和"时间分配"之后，我们还要看"领导技能"。随着层级的提升和角色的变化，对管理者具体管理能力的要求也水涨船高。这一点十分容易理解，在此不再赘述。

领导梯队理论和实践在核心的"转型三要素"基础上，延展到不同层级和角色的具体管理行为，可以称之为不同层级和角色的差异化管理职责。通过这一套具体的方法论，从道到术，从冰山下到冰山上，系统化、体系化地帮助各级管理者实现从内到外转型，成为胜任的、优秀的管理者。

过去30年，中国涌现出一大批优秀企业，其业务规模和市场地位都已进入一个新的阶段。这些企业的发展逐步从外部市场和资源驱动转向领导力和创新驱动，同时越来越严峻的市场环境也倒逼企业全面转型。而战略转型的落地无疑需要组织和人才梯队的配合，以及从思维到行为的转变。在这方面，领导梯队理论和实践能够给企业家与管理者带来强有力的帮助。从这几年与几十家客户的交流与合作经历来看,我认为领导梯队体系可以在以下几个方面提供助力。

1. 帮助管理者建立体系化思维。这些底层的思维框架在某种程度上属于元认知,或者说属于道的层面,想转型,先"转心",一旦突破思维层面,管理者就可以实现以道驭术,从高维视角分析和解决问题,而不是头痛医头、脚痛医脚,深陷于日常事务。

2. 帮助企业建立上下打通的高层、中层、基层管理人才发展体系,推动企业人尽其才,才尽其用,成为赋能型和自驱型组织。我们可以想象,当企业的发展不再只靠高层通过职权来推动,而是让每一位管理者都自发行动起来时,这种赋能型组织会产生怎样澎湃向前的动力。

3. 企业家和管理者可以根据实际情况与场景,基于企业的发展阶段、组织架构、战略目标等,灵活运用领导梯队理论解决各种常见问题,比如管理错位、习惯性事必躬亲、管理断层和不知如何领导等。我看到一些优秀的领导者已将领导梯队作为推动组织变革和各级管理者转型的利器,并取得了良好效果。

在通用电气领导力发展中心工作多年后,我成为领导梯队学院全球合伙人和中国负责人。助力企业成为领导力驱动型组织,是我和团队的使命。我们不断研究和精进领导梯队理论在中国管理场景中的实践,已和国内多个行业的几十家头部企业深入合作,持续帮助企业打造高效的领导梯队,并赋能不同管理群体成功转型。在此,我非常感谢这些客户的选择和信任!

我想借此机会感谢中信出版社的张飚、赵辉等编辑,感谢他们对《领导梯队》(原书第3版)的精心筹划和组织工作。我也感谢译者杨懿梅女士的辛勤工作，我们有过多次交流和探讨，力求使得此译本能够最准确地呈现几位作者的意图和思想。

期待你和你的企业或组织能够从领导梯队理论与实践中受益。让我们一起努力！如果你有相关问题和想法，欢迎通过kevin.feng@lp-institute.com这个邮箱联系我。

推荐序三

助力领导者成功转型的宝典

徐中

博士,高管教练,《领导梯队》(原书第 2 版)译者,
北京智学明德国际领导力中心创始人

受中信出版社之邀,为《领导梯队》(原书第 3 版)撰写推荐序。此刻,几个令我印象深刻的画面跃然眼前。一是 2014 年 7 月初,我们邀请管理大师拉姆·查兰来北京给 100 多位企业家和高管授课三天,高管们热切上前向他请教企业领导梯队建设的场景;二是一位千亿规模企业的 CEO 在我们的研讨课上说,他通过转型工具优化了自己大约 1/3 的时间分配;三是两位高成长独角兽公司的二把手在听完我们的讲座之后说:"我发现自己在干着下属的工作,没有随着公司的快速成长而成长,公司的各级领导大多也没有各就各位……"

众所周知,企业在本质上是市场导向的竞争性组织,其成功的关键是战略与组织能力,而组织能力的核心是人才,尤其是领导梯队。组织中各级领导者的成功转型与胜任,既关系到领导者

个体的成败，也关系到组织的成败和可持续的竞争力。在过去数百年的企业发展史中，通用电气、宝洁、杜邦、通用汽车、福特汽车、IBM（国际商业机器公司）、西门子、松下、苹果、微软、华为等世界级企业能够长期引领行业，一个关键因素就是高度重视领导梯队建设。这一点在呼啸而来的AI（人工智能）时代更加显著。

但遗憾的是，在我们过去20多年有幸接触过的数百家上市公司和独角兽高成长公司中，大多数企业太过于注重业务导向和短期业绩，严重忽视了领导梯队建设和组织能力建设，导致企业仅仅停留在市场驱动的初级阶段。一旦市场出现供过于求，就只有打价格战，企业缺乏创新能力和可持续的竞争力。大多数企业在领导梯队建设方面存在的主要问题是："临时抱佛脚"、"无从下手"、"揠苗助长"、"重事轻人"、"简单粗糙"和"缺乏系统"。这些问题的本质是急功近利、舍本逐末，缺乏科学的理论、体系、标准、方法和持之以恒的系统行动。同时，各级领导者自己也常常被早期成功的专业惯性和眼前的KPI（关键绩效指标）驱使，缺乏对领导的角色、职责、胜任力和行为的科学认知，缺乏全局观和CEO思维，导致经验主义和短期思维，使得组织不能打造出一支可持续发展的职业经理人队伍，难以进行持续数十年的长期竞争，实现从优秀到卓越的跨越。

《领导梯队》（原书第2版）自2011年在中国出版以来之所以重印了数十次，赢得了包括中国电信、华为、招商银行、腾讯、美团、OPPO等在内的万千企业的青睐，甚至在有些企业中是经理人人手一册，是因为它切中了企业领导者转型和领导梯队建设的要害，让处于高歌猛进或面对逆境挑战的企业找到了有效提升组织能力的可行解。领导梯队模型为何有效呢？最重要的是它源自长期、大量的实证研究。这个源自通用电气等世界级公司的领导梯队建设模型，最初是基于对1500多位来自不同行业的首席执行官、首席财务官、业务总经理及其他高管职位候选人的深度访谈，议题涉及成长经历、职场成就及能力提升等。2010年，它又升级为一项长期研究，作者及其研究团队先后与15000多位各级领导者，就各个领导者角色在转型升级过程中遇到的主要挑战进行了深入研讨，梳理总结的一套基本原理及框架体系，可以很好地指导企业根据自身的具体需求，构建符合实际需要的各类领导者角色画像，指导企业建立"选用育留"的标准和流程，打造契合业务发展的领导力发展框架，奠定企业的核心人才竞争力和可持续的竞争优势。

时代滚滚向前，人类加速迈入数智时代，人才竞争将空前激烈。《领导梯队》的每一次更新都响应了时代的召唤，前两版的副标题是"全面打造领导力驱动型公司"，这一版的副标题是"成为创造价值的领导者"，都充分体现了时代特点。相比于前两版，这一版给我印象最深刻的有以下几点。

第一，深刻分析了数字时代的工作特点。首先，有越来越多的企业员工是互联网原住民和知识型员工，他们在数据处理和数字技术应用方面的能力很强，在知识面及基础技能方面也远超前辈。数字技术不仅改变了我们的工作方式、工作时间、工作内容、工作地点、工作对象及工作伙伴等,还改变了我们的工作速度及产出效能,让每个人每天所能完成的工作量大大提升。同时,领导者的时间和精力分配将进行重大调整,企业的决策方式也会随着每个人都掌握了一部分信息,从高度集中变得分散,一线员工及基层领导者在数据的加持下将获得越来越多的业务决策权,组织也因此而变得更加扁平、透明和敏捷。领导者要从上司(boss)转型为教练(coach),领导方式要更多从告知(tell)转变为提问(ask),要更多做好知人善用、授权赋能、使众人行和激励人心,更好地支撑业务成功。

第二,从强调大型组织中领导力发展的六个阶段转为强调领导人才成长的五个典型角色,这是领导梯队的基石,淡化了组织层级和职位,充分体现了从工业时代向数字时代转型中的组织新特征,使得领导梯队模型更具普适性和适应性。由于各行各业的组织形态各具特色、层级各异,大部分企业一般有三四个组织层级,这本书通过梳理领导人才成长的典型角色和工作职责,指导各级领导者从工作理念、时间分配和领导技能三方面("转型三要素")进行成功转型,帮助企业更好地选拔、培养及评估领导人才。

第三,更新了几个关键提法和表达,有助于我们更好地理解数字时代的领导梯队模型的特点和价值。例如,这一版以"领导者"(leader)替代"管理者"(manager)的称谓,一是便于理解,二是便于翻译,更重要的是传统的管理者是以完成任务为中心的,而领导者是以引领变革和创新为目标的,这代表了未来的趋势;

在分析和展示领导梯队模型时，以领导"角色"（role）以及与之相对应的工作责任替代上一版使用的"层级"（layer）；领导梯队模型通过盘活人才队伍为企业运营模式和组织形态调整与变革提供了底层支撑，使得组织更加敏捷高效；领导梯队模型聚焦的是工作职责和领导者的输出，而非胜任力模型。

第四，对五个典型角色的主要工作职责及具体工作内容，以及他们在工作理念、时间分配与领导技能方面的核心差异的详细梳理，对于我们更好地理解每一次领导力转型的要点具有重要指导意义。此外，新增的涉及领导梯队的应用策略及实战心得的两章（第八章、第九章），有助于我们更好地因地制宜地应用领导梯队模型，建设企业的领导梯队。

习近平总书记在二十大报告中强调，"必须坚持科技是第一生产力、人才是第一资源、创新是第一动力"[①]。未来20年，中国发展新质生产力的关键是科技创新，科技创新的关键是我们能够持续"选用育留"一流人才，充分释放各行各业的人才红利。

值此英才辈出、创新无限的伟大时代，《领导梯队》（原书第3版）的更新和与时俱进，加上译者杨懿梅女士的精湛翻译，相信可以指导更多企业树立领导梯队建设的长期思维、科学理念和系统方法，有效助力企业领导者转型和领导梯队建设，指引更多企业实现从优秀到卓越的成功转型。

最后，既是感慨与《领导梯队》和ATD（美国人才发展协会）

---

① 习近平：高举中国特色社会主义伟大旗帜 为全面建设社会主义现代化国家而团结奋斗——在中国共产党第二十次全国代表大会上的报告。见新华网 (http://www.news.cn/politics/cpc20/2022-10/25/c_1129079429.htm)。

的缘分，也是深感任重道远。2010年5月在芝加哥参加ATD大会期间，我在市中心的一家书店偶然发现了《领导梯队》（英文第2版）；2023年5月20日，我又在美国新奥尔良举办的第81届ATD大会期间碰到了《领导梯队》（原书第3版）的作者之一肯特·约纳森，并向他介绍了过去十多年《领导梯队》在中国的畅销和应用。同时，因为参加了6届美国ATD大会和19届中国企业培训与发展年会，我的眼前常常浮现出中美两个顶级人才发展大会的场景，深深感到中国企业在人才发展的理念、体系、方法、投入和耐心等方面与世界领先企业相比还有不小的差距。

功崇惟志，见贤思齐；时不我待，只争朝夕！

前言

欢迎阅读《领导梯队》。相信你会跟许许多多的人一样，发现这是一本清晰、简洁、有用的书。千好万好，不如真正有用。领导梯队模型的确能让大家受益良多。

不少企业领导者及高管告诉我们，领导梯队模型帮助他们：

- 改变了高管会的议题，让大家不再只谈收入及利润，而是更加关注战略和人才。
- 推动了工作职责的逐级分解，让高层更多聚焦未来发展，让中层和基层负责提升组织效能及达成运营结果。
- 明确了各级领导人才的标准，让大家在评估相关人员的业绩及潜力时有据可依。
- 提升了辅导、培养领导人才的有效性，让辅导或培养对象、其上级领导及各参与方都有明确的期待和要求。

- 打造了企业在组织人才方面的竞争优势。
- 有力指导及支撑了企业对各级领导人才的培养。

人力资源负责人说,领导梯队模型帮他们提升了以下重点工作:

- 培训内容:契合工作职责的内容设计,更有针对性,不再只是通用能力的泛泛而谈。
- 继任规划:评估领导人才潜力时有据可依,更聚焦、更精准,不再只是凭感觉。
- 人才工作:形成了企业人才工作的统一话语体系,不再是各有一套。
- 梯队建设:形成了企业评价及培养领导人才的基本框架,不再是东一榔头西一棒槌。
- 角色认知:通过对领导角色及与之对应的职责和要求进行简明扼要、通俗易懂的梳理,有效提升了各级领导者的角色认知,协助领导者理清了思路,即做什么、怎么做才算是好领导。

自 2001 年第 1 版问世以来,《领导梯队》受到了广泛好评;于是,2011 年我们推出了本书的第 2 版。20 多年以来,我们对应用领导梯队模型的热情有增无减,积累了大量实战经验;我们在与企业交流及提供咨询的过程中,也收到了很多极有价值的反馈。这些实战经验和反馈对如何把领导梯队模型用好,使其发挥最大价值,很有帮助。这次,在第3版中,我们会做专题分享。

许多全球标杆企业都把领导梯队模型作为其人力工作的核心框架。这些企业的一把手及其他高管之所以如此决策,是因为他们都认为此举能给企业带来竞争优势。通过梳理领导人才成长的典型角色,明确各典型领导角色的工作职责以及在工作理念、时间分配及领导技能三方面所需的转型升级,领导梯队模型能帮助企业更好地选拔、培养及评估领导人才。

时代不断奔涌向前,企业的组织结构、业务模式及所处的宏观环境发生了很多新的改变,对企业也提出了很多新的要求。在第3版中,我们不仅会梳理重要的外部变化,还会展示在新形势下如何用好领导梯队模型,从而帮你更从容地应对当下的挑战,更前瞻性地布局未来。总之,我们希望通过第3版的迭代,让领导梯队模型能更容易应用,能一如既往地为企业创造已被长期实践验证的巨大价值。

澄清说明

同样的词语及概念,在不同人看来,很可能差别很大。当今时代,这尤为常见。为了帮你精准把握我们的原旨原意,在此就书中的四个关键词语做出澄清说明。

领导vs管理

关于领导与管理的异同,学术界及企业界有颇多讨论。在我们看来，过多过细的拆解实际意义不大。对于领导者，要想做好履职尽责，还得领导与管理两者兼修，不能有所偏废。从工作理念、时间分配及领导技能三方面来看，也是如此。

在《领导梯队》前两版中，我们用的是"管理者"（manager）；这次更新，我们统一改成了"领导者"（leader）。这么改，一是便于理解，二是便于翻译。在有些语言中，没有与"管理者"对应的表达，但有与"领导者"对应的表达。

关于这一点，建议你在阅读过程中，不要太过纠结于具体词语，而要重点关注领导者肩负的工作职责，以及该做什么、怎么做才能把工作做好。

角色vs层级

此前，我们在分析和展示领导梯队模型时，用的是"层级"（layer）。其实，领导梯队模型描述的不是身份地位，不是管理职级，而是领导"角色"（role）以及与之相对应的工作责任。

比如，一位领导可以同时身兼三个领导角色。试想一下，有位全面负责某业务经营的高管，向企业领导者直接汇报，此时其领导角色是"业务一把手"。如果其直接下属中既有领导者，也有个人贡献者，那么此人还同时兼任着两个领导角色，即面对领导者的"中级经理人"，以及面向个人贡献者的"初级经理人"。要想成功，此人必须深刻理解自己身兼的各个领导角色，以及与各角色对应的各种工作职责。

在梳理领导角色时，针对身兼多种角色的情况，要以最高级的领导角色为准。

敏捷vs僵化

企业经营可以采用多种运营模式及组织形态，比如全面质量管理、矩阵管理、精益管理、设计思维、敏捷组织等。这些运营模式及组织形态在提升组织效能及经营业绩方面各有所长，也有不少成功案例，但不免有些孤掌难鸣，毕竟单枪匹马难以支撑起整个组织的高效运转。

无论采用什么运营模式及组织形态，所有企业都需要底层支撑，解决业务经营及组织运转的基本问题。比如，如何招人、培养人，如何定方向、配资源，如何有序规划工作、布置工作等。领导梯队模型就是能灵活敏捷地适配各种运营模式及组织形态，能为企业提供有力底层支撑的基本原理及框架体系。

工作职责vs胜任力

在主动找到我们的客户中，有不少已在使用胜任力模型。他们使用胜任力模型的出发点非常类似，大都是为了提升领导者绩效、改进绩效谈话、更精准地评价领导能力、更可靠地推动继任规划。他们找到我们的原因也都一样：在全面实施胜任力模型几年后，效果却不尽如人意。许多企业逐渐意识到，胜任力模型对培训很有效，但对领导者的绩效评估、继任规划，以及推动各级领导者做好培养辅导等工作，的确不太给力。

这是为什么呢？因为能力不等于工作成果，能力只是影响输出的一个输入。此外,胜任力模型没有针对不同领导角色做应有的区分;不同岗位对同一领导技能的要求,差别可能很大。我们不是说能力不重要,其实我们也认为领导技能非常关键,但只有能力是不够的。要想成功,领导者必须在工作理念、时间分配及领导技能三方面下功夫。由此可见,能力不完全代表输入,能力只是输入之一。

领导梯队模型聚焦的是工作职责,是领导者的输出。我们不仅针对不同层级/角色进行了区分,还细化了工作内容,即领导者具体做什么,才能交付相应的工作成果,才算做到了履职尽责。

在这次更新中,我们深入探讨了领导梯队的应用策略,免得企业在实践中走弯路。如果已有胜任力模型,在应用领导梯队模型时,也可以很方便地将两者有机结合,做到鱼和熊掌兼得(详见第八章)。

服务对象

如果你属于以下人群之一,不妨读读本书:

- 一线员工,尤其是如果你希望自己有朝一日能成为领导者。
- 各级领导者,尤其是如果你希望提升自己的领导工作绩效。
- 人才发展及领导人才培养专家,尤其是如果你希望找到能有力支撑组织人才发展及领导梯队建设的框架体系，而且这个框架体系能经受时间及实践的考验，不会因领导换人或新概念流行就被打入冷宫。
- 企业领导者，尤其是如果你希望把领导人才培养及梯队建设打造成企业的竞争优势。

内容简介

本书分为三部分。

第一部分为"领导梯队为什么事关重大"，共两章，旨在帮你全面了解领导梯队是什么、有什么用。

第二部分为"领导梯队有哪些典型角色"，共五章，旨在为你逐一拆解并详细阐述领导梯队的五种典型角色。每章会细致分析每种领导角色的工作职责，以及在工作理念、时间分配及领导技能三方面需要完成的转型升级。要想打造强健充盈、生生不息的领导梯队，企业不仅要明确要求，还要特别关注领导者在转型升级过程中容易出现的理念及行为上的各种问题。

第三部分为"领导梯队该如何落地应用"，共四章，旨在帮你聚焦实战，更好地把领导梯队模型用起来。

领导梯队模型兼具普适性及灵活性，能有力支撑各种组织形态及实际需要。在应用时，一定要注意与时俱进。在当今时代，有些传统意义上的领导者职责的确不再适用了。

在快速变化的时代，企业领导人才培养也需要因势而变。不能再像以前一样，按照长期固化的能力要求，全部按照一个模子来。当前，领导者的角色定位、工作职责及转型要求都在改变，相应的领导人才培养也应追求多层次和多维度。带着这样的认知，思考领导人才培养，行动起来往往会更容易、更有效。

最后，我们想提醒你，切忌机械地应用领导梯队模型。也就是说，一定要结合公司实际，具体情况具体分析，让领导梯队模型更好地贴合公司需要。千万不能生搬硬套。此外，还要充分考虑各方需求，即便会显得有些复杂。记住，此时的缜密周全是十分必要的。

长期的实践证明，领导梯队模型能经受住时间的考验，能帮助企业成功，赢在当下，制胜未来。

相信你也会发现，《领导梯队》能为你真正创造价值。

希望你能喜欢本书。

拉姆·查兰：office@charanassoc.com

斯蒂芬·德罗特：sjdrotter@aol.com

肯特·约纳森：kent.jonasen@lp-institute.com

2023 年 6 月 1 日

新版介绍

自首次出版以来,《领导梯队》倡导的方法论,如区分不同领导角色,明确各自工作职责,拆解在工作理念、时间分配及领导技能三方面所需的转型升级等,已成为各界广泛接受的、理解领导工作及指导梯队建设的基本原理与框架体系。

领导梯队模型有两个突出价值:一是没有把所有领导角色混为一谈,而是阐明了为什么有必要区分领导角色,还针对每个领导角色,明确了工作职责;二是没有默认角色之间不需要转换,而是针对每个领导角色,拆解了所需的转型升级。因此,领导梯队模型已在全球普及,成为企业培养领导人才、助其转型升级的标准方法。

本书的第 1 版及第 2 版已经销售数十万册,并被翻译成 12 种语言。书中倡导的原理与方法,已被数百家企业、非营利性组织、咨询公司,以及众多各级领导者和人力资源从业者用于日常工作；本书还成了商学院的教材。经过全球各行业及各地区的实战考验，《领导梯队》的确适用性极强，且历久弥新。

时代不断奔涌向前，领导梯队的基本原理虽仍适用，但领导者所处的环境、面临的挑战正在发生日新月异的变化。数字化、新冠病毒感染、员工地位提升，以及全球地缘政治动荡加剧等外部因素，无疑会影响企业的业务模式及运营模式，领导者的角色定位及成长培养也需要与时俱进。

新时代，新挑战，正影响着企业经营的方方面面。系统性挑战，需要系统性应对。企业要做到目标清晰、上下同欲、协同一致，这无疑对各级领导者提出了更高的要求。关于领导角色的标语口号看似无处不在，实则空洞无物，大都于事无补。《领导梯队》恰恰是能深入指导日常工作、确保组织一致性的系统性工具，不仅能帮企业从容应对当下的挑战，还能帮企业规划长远、制胜未来。

新版有哪些新内容

第一，直面新时代的新挑战。身处快速变化的时代，来自各方面的挑战很多，比如业务、政治、监管、教育、宗教等。最大的挑战也许是数字化。一时间，似乎人人都有了数据和信息的加持；企业纷纷启动了数字化转型，都在探索数字时代的最佳运营模式，比如下放决策权等。新冠病毒感染也是重要影响因素之一，不少组织在人才方面由来已久的政策惯例都得重新设计，鲜有企业可以幸免。除此之外，企业还要面对员工地位提升的问题，尤其是知识型员工。随着员工日益被时代赋能，他们越来越希望自己的需求和利益能得到满足，否则就会选择离职或默默躺平。员工在社交媒体上的各种吐槽，往往会让企业陷于被动。与此同时，要求企业承担各种社会责任的呼声也越来越高，这也需要企业改变过去的经营方式，各级领导者调整既往的工作重点。相比之下，全球性的不确定性，是影响更大的宏观因素。无论是气候变化、霸权争夺、热战冷战、通货膨胀、人口和移民问题，还是其他相关议题，都在冲击着全球平衡。从目前看，这种不确定性似乎还会持续很长一段时间。面对这样的大环境，领导梯队的基本原理及框架体系如何帮助企业从容应对、制胜未来，是新版的更新重点。

第二，分享应用策略及心得。关于应用领导梯队模型，此前我们收到了一些负面反馈。有的是对模型有些误解，有的是没有找到自己的角色，有的是对某些内容不太认同，有的是对落地实施过程不满而迁怒于模型。为了尽可能帮大家解决这些问题，更好地把领导梯队模型用起来，真正发挥其应有的作用，新版中增加了两章，涉及领导梯队的应用策略及实战心得（详见第八章及第九章）。

第三，与时俱进地持续迭代。对于"老方法"，很多人都不愿花时间了解，因为他们担心那些方法早就过时了。为了打消大家的顾虑，我们一直在坚持不懈地持续迭代，在帮助企业解决其面对的迫切问题的过程中，让领导梯队模型保持蓬勃的生命力，让全世界还不了解领导梯队的人，能从其基本原理及框架体系中受益。

当领导，有哪些新挑战

领导者在新时代，需要面对新挑战。这些挑战对企业、员工及工作本身都有重大影响，需要领导者重新思考自己的职责及对他人的要求。从上一版至今，领导者面临的新挑战主要有以下几方面。

数字化：人人都有了数据加持

数字技术不仅改变了我们的工作方式、工作时间、工作内容、工作地点、工作对象及工作伙伴等，还改变了我们的工作速度及产出效能，比如一天能完成的工作量大大提升。这些改变扑面而来，势不可当。数字时代已经到来，再也回不去了。数字化不是突发事件，而是持续普及深化的过程，各种数字化工具及应用越来越多。而且人工智能还在飞速发展，各种惊喜层出不穷。因此，很多原先需要领导者投入大量时间和精力的工作会随之改变，这意味着我们对领导者的培养也应随之改变。

数字时代，企业的决策方式也会改变。以前，只有高层领导才了解情况；现在，人人都有了数据加持。有了实时准确的数据赋能，一线员工及基层领导就能对越来越重要的业务决策负责。从这个意义上说，组织透明度远超以往，领导者将很难再误导员工。

因此，企业在制定领导者的工作职责时，要充分考虑数字化对组织及员工的影响。领导者必须下放决策权，这样才能充分发挥组织基层的能力。除了行政事务，如工作时间及地点等，还要敢于把关键业务，如定价及利润提升等交给团队，因为他们更了解实际情况。

在数字时代，对团队要少管控，多培养，多辅导，帮助他们充分利用信息优势及决策授权，更好地支撑业务成功。此外，还要多商量，少命令，保持开放心态，多向团队征求意见和建议，提高员工参与感，提振团队士气。这些都是对领导者的核心要求。

新冠病毒感染：人人都得居家办公

面对疫情，可谓是特殊情况，特殊对待。一时间，似乎人人都得居家办公，幸好当时有数字化支撑。经此一"疫"，许多人开始反思，决定要把工作与生活的平衡放在更高的优先级，要在家庭上花更多的时间；更多的人喜欢上了居家办公，不愿再每天通勤，把时间浪费在路上。疫情之后，企业发现再想像以前那样让大家天天来办公室上班难度很大。于是，混合办公模式开始流行起来，有人继续居家办公，有人来办公室。混合办公自然是有利有弊，这里不做深究，但有一点是确定无疑的：对领导者的挑战更大了。如何在混合办公模式下做好团队建设、保持企业文化、有效管理绩效、建立维护关系、保持员工参与感，以及加强员工辅导培养，都是新的议题，需要新的领导技能。

要想在混合办公模式下做好领导工作，需要重新分配时间，多花时间做一对一沟通。这跟以前领导多地部署的大型团队要求类似，都需要在团队沟通、团队建设、企业文化维护、一对一沟通方面多下功夫。这是老大难问题,很少有人能手到擒来;而由于疫情,连在本地经营的小企业领导者也需要练就这些高段位技能。而且,无论下属是居家办公还是来办公室,领导者都必须做到一视同仁。

员工地位提升:员工期待需认真对待

现在的年轻人从小就与互联网、社交媒体及各种电子产品为伴。相较上一辈人,他们身上有许多鲜明特点,领导者必须充分了解。

首先,这些年轻人对新技术很在行,能快速收集处理各种信息,在知识面及基础技能上也都远超前辈。正因如此,他们希望自己的工作有价值,能在工作中有所贡献,有所学习,有所作为。如果只是打杂,对自己、对公司意义不大,他们很可能说走就走。不仅如此,他们还会在社交媒体上分享和吐槽,让其他人多加小心。其次,世界变化这么快,他们也不想在同一个岗位上待太久,因而他们特别希望得到反馈指导,想知道自己做得怎么样,如何才能做得更好,如何才能成长提升。最后,对他们来说,工作不再是生活的全部,因此职业倦怠也是个不容小觑的重要问题。

疫情期间美国出现的辞职大潮加剧了企业的人才短缺。起初,有人担心这些辞职者不会找工作了;后来,不少当初辞职的人重返职场。有意思的是,当初有些人为了增加对生活的掌控感而辞去了大厂的工作;现在,即便是在科技大厂纷纷裁员的形势下,某些关键技术及服务岗位的人才短缺也没有得到缓解。这对企业人才保留工作提出了更高的要求。其实，对优秀人才的招募、培养及保留一直都是组织梯队建设的重要工作；当今时代的新挑战在于，外面的选择更多了，员工的心思也更活络了。

面对这些挑战，怎么办？最显而易见的应对之策，就是加强企业的领导工作：不是要从外面挖那些所谓的优秀领导者，而是要系统性地提升企业各级领导者的重视程度、时间分配及相关技能。面对新时代的员工期待，领导者要认真对待，要跟员工沟通需求，帮助他们成长，给他们有意义的工作，给他们有帮助的指导，帮他们创造有前途的未来。把这些工作做好，不仅有助于人才招聘及保留，还可能成为企业重要的竞争优势。各级领导者都要在这些领导工作上投入更多的时间和精力，加强与员工的沟通交流。

企业社会责任：超越利润的责任担当

当今时代，各种社会问题越来越得到重视，要求企业承担社会责任的呼声越来越高，不断推动着企业及各类组织反思曾经的经营方式。企业不仅要追求利润，还要关心社会议题，比如气候变化、环境保护、多元包容、公司治理、同工同酬、晋升平权、性别平等、消除歧视、抗疫救灾、公民意识等。这要求企业各级领导者在做生产制造、资源配置、激励奖惩、招聘晋升、编制规划及社会活动等决策时，除了经营目标，还要充分考虑社会影响。

企业社会责任是所有企业及各类组织都需要承担的责任，各级领导都要对履行社会责任负责。要真正落到实处，就会产生冲突，就需要领导解决。比如，怎么确定优先级？怎么配置资源?哪些需要调整,哪些必须改正?该提拔谁?公司级的政策指导可以解决一些问题,但具体落地执行时还得相关领导决定。各级领导的日常决定加在一起,就构成了企业整体的责任担当。各级领导在日常决策时都要花时间,从多个维度认真权衡。从思想上重视是把工作做好的关键。

地缘政治动荡:密切关注及未雨绸缪

全球频发的黑天鹅事件让企业高层压力很大。昨天的常识,到了今天已经行不通了;今天的颠覆,到了明天很可能得推倒重来。来看两个例子。

一是新冠疫情。鉴于不同国家的应对方式不同,跨国企业必须重新思考其供应链布局。近岸及本土供应就显得特别关键。此外,疫情还向我们展示了消费习惯可以被快速改变,而且一旦改变,就再也回不去了。

二是俄乌冲突。冲突爆发之后,很多西方企业撤出了俄罗斯。出于对关键产品依赖海外生产的种种担忧,各国做出了很多调整,这对整个亚洲影响都很大。相对而言,这些调整还是容易的,重新规划供应链及新建生产设施才是更为艰巨的挑战。

新的业务模式:生态伙伴必不可少

过去,企业行走天下主要靠自己,自给自足是常态;现在,企业经营越来越需要构建生态圈,越来越需要合作伙伴。有的伙伴能帮你为客户创造新的、更大的价值,有的伙伴能给你带来新的技术及核心能力，有的伙伴能助你更好地与监管沟通。

公司的生态圈是什么样的，是如何构建起来的，以及更重要的，是如何管理的？对许多高管来说，这是全新的课题，他们需要肩负起生态建设的重任。平台型企业是人人向往的未来，有的企业已实现了成功转型。想要成为平台，就要构建生态。做好生态并不简单，尤其是需要和多个伙伴同时打交道的时候。对许多领导者而言，如何与生态伙伴有效合作是亟待学习的新课题。

新的员工来源：灵活用工，做好平衡

最近，灵活就业正在蓬勃发展。越来越多的人告别传统雇佣关系，加入零工经济，成了灵活就业者，比如司机、程序员、设计师、家庭服务人员、教练等。这种趋势对企业是个机会，借此就能做到更加灵活地增减人员规模。当然，这也是把双刃剑，企业在享受灵活性的同时，也会面临挑战。比如，当团队中既有全职员工又有灵活就业者时，如何在确保高效工作的同时保持正确的文化导向，是团队领导者面对的现实挑战。如何做好分工，如何明确要求，都是领导者的职责所在。

还有个挑战，即灵活是双向的：企业能灵活招募，员工也能灵活撤退。那么如何确保在需要时，企业能吸引并留住足够的灵活就业者呢？相对全职员工，灵活就业者有什么不同，在工作要求上有什么区别？这些都需要深入思考，细致规划，充分用好灵活就业者，确保完成工作目标，平衡好企业、全职员工及灵活就业者各方的需求。

新的组织形态：提升知识工作者的效能

当今时代，很多工作需要知识工作者来完成。过去，大家对他们的工作效能考虑得不多。现在，企业的组织结构开始松动，这至少在一定程度上促进了知识工作者的效能提升。矩阵式组织、敏捷型团队、扁平化架构、动态岗位调整、向下授权等举措，都能使他们更快地按需调整。去除官僚作风、加强决策授权、缩短沟通链路、优化资源配置、创建跨职能团队等，已成为组织提效的常规手段。这些组织变化也会影响领导者的角色。比如，在不同项目组，领导者这次带团队，下次也可以当组员；再比如，某位领导者今天还在某职能条线，明天就可能被调去负责某跨部门项目。在矩阵式组织中，领导者还需要学会与其他部门的领导者分享权责，这在以前是不需要的。

传统的汇报线也会受到挑战。高层领导不能总想着怎样对自己部门好，而是应该更有大局观，思考怎样对业务全局好。其实基层也是一样。要想做好组织协同，就要共创组织目标。相比内部目标，比如"按时完成部门工作"，面向客户的外部目标，比如"加快对客户需求的响应速度"，更能凝聚团队。在灵动的组织中，特别需要明确各自的角色定位，否则就很容易乱。

本书第十一章还会就此议题进行深入探讨。

领导梯队有没有过时？

吸引眼球的往往是新理念，遭人冷落的是老方法。各行各业似乎都是这样，比如时尚、政治、餐饮、健康、社交媒体等，领导力领域也不例外。各种新书、新模型及新专家不断涌现，不断激发人们的想象空间。然而，有关注与有价值是两回事。最可靠的检验，还得通过时间，通过实践。

我们不希望今天的领导者一味求新，因为担心领导梯队过时了就与之遗憾错过。事实上，领导梯队几十年的历史，恰恰是其价值的体现：经过时间和实践的考验，依然历久弥新。不少企业一经尝试，就将之作为领导人才培养及组织梯队建设的核心框架体系，沿用至今。事实证明，随着时代发展，领导梯队的基本原理不仅依然适用，还能帮助当今时代的领导者解决新问题，把握新机会。

本书新版写于2023年年中，当时很多企业在组织人才方面正面临着以下问题：

- 疫情期间的离职潮
- 难以留住关键员工
- 员工默默躺平
- 人才培养不力，难以支撑业务需要
- 线上员工难以融入，混合办公模式还有待打磨
- 向数字化转型
- 如何保持企业文化，做到与时俱进
- 如何创造一个安全的工作场所
- 如何确保多元包容

- 如何确保同工同酬、机会均等
- 员工职业倦怠

这些都是各级领导者正在面临的问题。很多时候，组织对领导者缺乏最基本的指导与支持：很少会结合实际工作，与各级领导者深入沟通其角色定位、工作职责及成功标准；很少会在领导者转型升级的关键时刻，帮助他们理解其在工作理念、时间分配及领导技能方面所需的蜕变。光靠他们自己悟，是很难顺利完成转型升级的，因此，清晰明确的解释说明及沟通讨论非常必要。这就是领导梯队的核心价值。当今时代，企业对领导梯队仍然有迫切的需求。从领导者的角度看，学习掌握领导梯队的基本原理，还能帮他们为未来应对更大的挑战做好准备。

领导梯队好不好落地？

我们接触过不少商业领袖及人力资源主管，他们很想应用领导梯队模型，但在推进过程中却在组织的某些部门遇到了不小的阻力。

出现这个问题，通常有两类根本原因。一类是对领导梯队模型本身存在一些误解。这类情况会在下节"哪些误解需重点厘清"专题探讨。另一类是对过去的不愉快仍然耿耿于怀。比如，有些同事对之前所在公司的落地过程很不满意，因而迁怒于领导梯队模型。模型本身与落地过程，当然是两回事。

关于领导梯队究竟好不好落地，我们想澄清两点。

第一，也是最重要的，要有正确的预期：领导梯队不可能包治百病。领导梯队模型是基于大量实践，梳理总结出来的一整套基本原理及框架体系，可以很好地指导企业根据自身的具体需求，构建符合实际需要的领导角色画像，打造契合业务发展的领导力框架。领导梯队不是管理层级，也不是职业发展规划；它旨在帮助企业做好各级领导人才的选拔、培养及绩效评估。应用领导梯队之后，企业通常能收获两大成效：一是领导者个人工作有效性提升，二是组织整体领导工作完成度提升。

第二是我们自己：当初在设计领导梯队模型时，对如何应用它重视得不够，考虑得不多，而且也无法预见各家企业的各种使用场景，更不用说有成形的解决方案了。如今，经过这么多年的实践历练，这么多企业的交流探讨，这么多实际问题的具体解决，对于在不同情况下如何用好领导梯队模型，我们积累了丰富的实战经验，总结了深刻的心得体会。这些也都会在新版中与你分享。

为了让领导梯队更好用，我们在新版中力求做到：在阐述领导梯队模型是什么时，说得更透彻、更容易懂；在讨论领导梯队怎么用时，讲得更具体、更接地气。新版中还增加了两章，深入探讨领导梯队的应用策略及实战心得（详见第八章和第九章）。

哪些误解需重点厘清

前文提到，有些人对领导梯队模型还有些误解。领导梯队模型诞生至今，已有 20 多年了，有误解也是正常的。我们经常帮助企业消除一些误解，在此正好一并说明。

误解 1：我们公司没有六个领导层级，所以领导梯队对我们不适用

我们的回答：关于领导梯队，有的人读了整本书，有的人读了部分章节，还有不少人在听说这个概念后，只是上网搜了一下，结果对领导梯队的认知仅停留在下图上（见图 0.1），即旧版中的领导力发展的六个阶段。

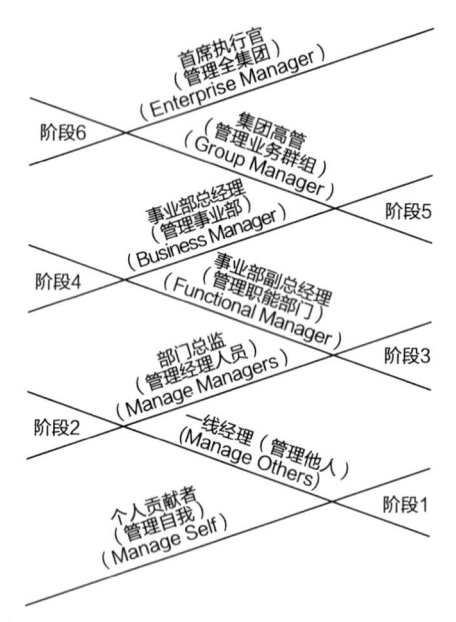

图 0.1　旧版《领导梯队》中的"领导力发展的六个阶段"

资料来源：领导梯队学院版权所有

然而，这张示意图并不等于领导梯队模型。图中展示的只是领导梯队中最常见的领导角色以及最典型的转型升级。领导梯队模型是一整套基本原理及框架体系，适用于任何组织类型，可以帮助企业区分不同领导角色，明确领导者各自的工作职责，拆解在工作理念、时间分配及领导技能三方面的转型升级要求。如果你的公司只有两个领导层级，那么与之相对应的领导梯队模型也只需要两层，而且对身处顶层的领导者要明确提出超越初级经理人的更大职责及更高要求。关于具体怎么做，后面会有详细阐述。

建议先读第一章，对整体框架体系建立初步认知；再读第三章至第七章，结合实战案例，逐一深入了解每个典型的领导角色。在阅读过程中，你可能会发现书中没有涉及公司的某个领导角色。不要担心。依据领导梯队的基本原理及框架体系，完全可以按实际需要自行构建。

误解2：领导梯队是科层制的老古董

我们的回答：造成误解2的根本原因与误解1的一样，即错把图0.1当成了领导梯队模型本身。领导梯队不是管理层级，不是科层制的老古董。事实上，很多企业正在用领导梯队模型打破等级森严的科层组织。

职务职级代表着身份地位，代表着层级高低。领导梯队不关心职务名称，因为这只是表象，而不是实质。领导梯队关注的是领导者的角色定位，以及与之相对应的工作职责。举个例子：有些职能负责人所辖团队比较多元，向其直接汇报的既有中级经理人，也有初级经理人，甚至还有高级专家，即个人贡献者。从岗位职级上来说，其直接下属很可能属于同一职级，但从领导者的角色定位及相应要求来看，其实差别很大。如果没有领导梯队模型，企业通常会根据职级，对身处同等职级的领导者采用同样的标准进行选拔、培养及评价。有了领导梯队模型，你就会发现，重要的不是汇报线，不是职级，而是各自应承担的工作职责，只有工作职责才是培养及评价的基准。与此同时，真正决定工作职责的，不是职级，而是领导者的角色定位。

误解 3：领导梯队是领导者的职业发展路径

我们的回答：造成误解 3 的根本原因也跟前两个误解一样，即错把图 0.1 当成了领导梯队模型本身。如果没读书，只看这张图，的确很容易产生这样的误解，即要想成为企业领导者，就得这么一级一级地往上爬。其实，这真不是制作这张图的初衷。

在实际工作中，不是所有企业的所有条线都设置了这些领导角色。比如财务和人力条线只有两层，初级经理人之上就是职能负责人了。再比如，很多业务一把手此前并没管过职能；他们往往是先从具体业务运营干起，之后管理某个国家或地区的业务，再之后管理某个大区，然后成了业务一把手。而且，职业发展也不是线性的。比如，有的人会在专家、初级经理人及项目负责人之间切换。再比如，只有很少的人会成为职能负责人或业务一把手，因为这些岗位本来就不多，而且也不是大部分人的职业发展目标。

领导梯队模型的价值之一在于，当领导者开始担任新的领导角色，需要完成转型升级时，能清楚地知道自己应该在工作理念、时间分配及领导技能方面做出哪些改变。

误解4：领导梯队只适合大企业

我们的回答：其实，相比大企业，中小企业更能从领导梯队模型中受益。

此话怎讲呢？对于快速发展中的中小企业，业务的快速增长往往需要组织的持续升级，比如组织架构的灵活调整及领导角色的丰富完善。如果组织跟不上，就会制约业务的发展。领导梯队模型不仅能指导企业更好地思考当前的组织需要，还能帮助企业面向未来，更早地进行梯队建设，为支撑业务的更大发展做好准备。除了企业能够受益，企业领导者自己也可以依据领导梯队模型，有意识地成长提升，自我进化，为领导更大规模的企业做好准备。

当市场出现风吹草动时，资金储备更雄厚的大企业往往抗风险能力更强；同样道理，就算队伍中有几个不太行的领导者，人才储备更雄厚的大企业通常也能扛得住。而中小企业则不然，每位领导者都很关键，一个薄弱环节就可能毁了大好的发展形势。

关于领导梯队的误解还有很多，我们会在后面的章节中，结合各章主题，逐步展开说明，这样更便于大家理解。澄清误解，并不意味刻板僵化。事实上，能灵活适配各类企业需求及各种组织架构，恰恰是领导梯队模型的一大特点。企业的组织架构往往取决于业务种类、员工人数、收入规模及地域分布这四大因素。无论组织架构如何，领导梯队模型都能为你保驾护航。

第一部分

领导梯队为什么事关重大

第一章
领导梯队是什么

长期实践证明,领导梯队模型能经受时间和实践的考验,能帮助企业成功。要想充分发挥其价值,为企业打造强健充盈、生生不息的领导梯队,就要深入理解其指导原则和基本框架。作为开篇,本章将帮你提纲挈领,概览全局;随后各章将为你从内涵到应用,逐一拆解,详细阐述。

领导梯队的指导原则

领导梯队模型的构建,最初源于与1500多位来自不同行业的首席执行官、首席财务官、业务一把手及其他高管职位候选人的深度访谈。每次访谈时间长达4小时,议题涉及成长经历、职场成就及能力提升等。访谈之后,还会与其领导及其他了解他们的同事,就测评结果进行验证。

在此基础上，我们从 2010 年开始了一项长期研究，先后与 15000 多位各级领导，就各个领导角色的转型升级过程中遇到的主要挑战进行了深入研讨。本书第三章至第六章会详细阐述研究成果。

自推出以来，领导梯队模型的普适性及有效性，扛住了时间的考验，通过了实践的检验。我们发现，不少领导力模型都很短命，往往首席执行官一换人，领导力模型就会销声匿迹，有的甚至连一个任期都没坚持过去。但领导梯队却有顽强的生命力。通常企业一旦选用，就会持续地用下去。

不仅如此，我们还发现，领导梯队对各种组织架构、各种业务类型都适用。几乎任何企业都可以以此为起点，设计自己的运作模式。数字时代，组织必须具有灵活性。有了领导梯队，相应的调整也会更容易落地。领导梯队模型能让组织人才培养工作更加清晰，培养谁、什么时候着手以及具体侧重什么方面，都一目了然。

理解并用好领导梯队，必须把握以下 5 个指导原则。

第一，层级/角色不同，职责不同；必须清晰定义，明确区分。

领导工作繁多，如果不加区分，不进行分工，就会有重叠或疏漏。尤其是当今时代，挑战繁多，如果大家都只顾着当下，就容易忽略布局未来。

第二，层级/角色不同，要求不同；必须转变理念，投入时间。

每个层级/角色，职责不同，体现在工作理念、时间分配及领导技能三方面的具体要求也不一样，这对领导者是否能有效开展工作非常重要。与其他岗位一样，领导岗位的工作职责也是由一系列具体任务构成的；要完成不同任务，就需要具备不同的领导技能。这个道理，大家都懂；对相应的技能要求，大家也都清楚。常常被忽略的，是提升技能完成任务的前提——只有真正理解身为领导的职责所在，真正认识到作为领导的价值创造，才有可能真正投入时间和精力去做领导工作，继而才有可能做好。身为领导，必须学会如何通过他人完成工作，而不是事必躬亲，沉浸在以前熟悉的工作任务中，几乎没有余力思考团队，顾及他人。

第三，层级/角色跨越，是上台阶；必须主动"断舍离"，才能完成转型升级。

大家要清晰地认识到，不同角色，职责及要求差别很大，绝不是缓坡前行，一切照旧；唯有主动与以前角色的工作理念、时间分配和领导技能做个极为痛苦却又极为关键的"断舍离"，才能真正迈上新台阶。身为新晋的领导角色，但认知和行为还停留在过去的领导角色，是梯队建设中最常见的问题，对组织伤害极大。

第四，人才流动，至关重要；必须持续调整，防止梯队板结。

梯队建设不可能一蹴而就，一劳永逸；必须持续动态调整，促进人才流动，才能防止梯队板结，士气消沉。目前大家面临的很多新问题，比如默默躺平、职业倦怠、辞职大潮及自我隔离等，根源都在于此。理想状态是一旦出现新的领导岗位，很快就能找到较有把握的人才补位。很多因素会阻碍人才流动，影响梯队建设，其中最要命的是那些职位上有晋升，但心智上还没完成转型升级的问题。

第五，梯队建设，重在组织；必须着眼整体效能，而非少数明星。

有些企业在人才培养、梯队建设方面投入了不少心血，但结果却不尽如人意。复盘来看，这种聚焦少数明星的培养方式着力点太小，对组织效能的整体提升作用不大。多年的观察与研究，让我们对此深以为然。领导人才并非生长在真空里，上下左右都会对其有所影响，方方面面的共同期望也在无形中塑造着他们对自己工作职责及工作方式的认知。这种微妙的相互影响彼此成就，对于团队合作和组织协同非常重要。

企业经营，离不开人。有人的地方，就需要有领导，就需要他们承担起指明方向、搭建团队、制订计划、配置资源、衡量成果、分析决策、反馈辅导等一系列领导职责。无论企业规模、业务类型及组织架构如何，以上5个指导原则都适用。

遵循这些指导原则，就能进一步洞悉：

- 领导梯队的典型角色
- 各个角色的工作职责
- 各个角色的转型升级

领导梯队的典型角色

领导人才成长有5个典型角色，这是领导梯队的基石。每家企业情况不同，层级各异，大部分企业有3~4个组织层级，即便是中小企业也有3个层级。你可以根据自身企业的实际情况，兼顾目前与未来的需求，灵活调整。研究表明，这5个典型领导角色及其变体和组合，几乎涵盖了绝大多数企业95%的领导岗位。

这5个典型领导角色以及各个角色所需的转型升级，对领导人才的职业生涯极为重要。各个角色的转型升级需要时间刻意练习，不是一朝一夕、一次培训课程就能实现的。本书旨在帮你建立认知，深刻理解不同领导角色对工作理念、时间分配及领导技能的不同要求，以及不同角色面临的主要挑战，敏锐洞察组织梯队中的问题与堵点，有意识地主动加速个人成长。本书第二部分"领导梯队有哪些典型角色"将用5章篇幅，沿着5个典型领导角色，逐一拆解。

在阅读的过程中，你会自然联想到自身企业的情况，也许会发现书中的领导角色跟自身企业的情况有些差别，或是发现自身企业在某些领导角色方面有些不足。这些都是正常的。我们定义领导梯队的典型角色，明确各角色所需的转型升级，本意就是启发帮助，而不是限制束缚。每家企业都是独特的，完全不必照搬照抄。

随着你对各个领导角色的理解和掌握不断深入，你会更加明确如何应用。如果出现不适用的情况，敬请大胆创新，并把你的创新成果告诉我们，本书前言中有三位作者的联系方式。你的创新创造对其他读者也会很有帮助。

其实，我们自己也在持续迭代，图1.1就是领导梯队典型角色的更新版。

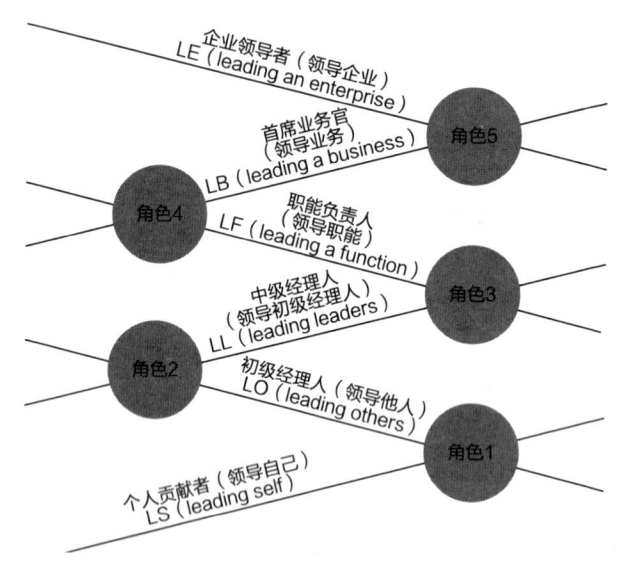

图 1.1　领导人才成长的 5 个典型角色

资料来源：领导梯队学院版权所有

领导角色 1：初级经理人，从管理自我到领导他人

步入职场的最初几年，新人的角色往往是"个人贡献者"。无论是做开发、销售还是财务，其岗位要求主要还是在专业技能方面。刚开始，是在计划时间内，按给定方式完成具体工作；一段时间后，随着工作内容不断丰富、工作技能不断提升，做出的贡献越来越大，新人就会引起组织关注，会被视为培养对象。

随后就得开始逐步学习自己制订计划，做到按时间完成工作；自己检查工作，达到公司的专业标准，做到高质量交付；还会被邀请参加相应会议，做到准时出席；以及在日常工作中，做到理解并遵守公司的文化价值观。当工作技能、工作成果，尤其是与他人协作的能力得到验证之后，就会承担更多职责，接受更为复杂的工作。如果他们能够证明自己可以承担这些职责，而且能遵循文化价值观，往往就会被提拔，首次走上领导岗位。

从个人贡献者，到初级经理人，貌似最自然、最容易不过，但很多新任经理人往往就是在这里栽了跟头。人都有惯性，越是绩效卓越的个人贡献者，越容易紧抓着过去让他们成功的工作不放。于是，很多新任经理人虽然有了新的职级、新的岗位、新的薪资，但还抱着过去的心态，凭着过去的技能，干着过去的工作，还没有完成应有的转型升级。

在这个阶段，这些初次走上领导岗位的初级经理人要学会跳出自我，着眼团队整体——制订计划、组建团队、分配工作、教导新人、跟踪进度、评价成果，并进行反馈辅导；调整时间分配——不仅要把握外部机会，做好自身工作，还要投入时间和精力帮助团队做好，否则就会陷入"救火"状态。归根结底，他们需要改变工作理念，不能只关注自己，还要学会"通过他人完成工作"。

要让新任经理人主动调整自己的"时间分配"，显得尤为艰难。其中部分原因是，他们还紧抓着过去的工作不放，还没有真正意识到自己工作职责的转变，以及自己对团队肩负的责任。随着领导层级不断提升，负责团队规模不断扩大，新任经理人亲力亲为的时间会持续被压缩。如果不能在这个领导角色完成转型升级，以后会越来越难，并有可能成为梯队堵点。

追本溯源，难以调整时间分配，根源还在"工作理念"没有转变。唯有真正相信领导工作的价值，相信自己投入时间精力，制订团队工作计划，帮助他人成长进步，不仅是职责所在，也是自身成长和成功所在，才有可能真正完成转型升级。比如，相对其他行业，金融服务行业从个人贡献者到初级经理人的转型升级显得更为艰难。这是因为该行业特别注重个人专业能力以及个人高效产出，以至于有些经理人因自己能力强，万一团队不给力，自己顶上也可以，就忽略了自己在团队培养方面的责任及必要的时间投入。

相比领导技能的提升、时间分配的调整，工作理念的改变更不容易被观察、被评估。也有人试图靠着当面一套背后一套，在上级那里蒙混过关。对此，新任经理人的上级领导要加倍重视，必要时应加强督促和辅导。

工作理念对领导者绩效的影响非常大，对此大家往往不够重视。决定个人贡献者绩效的，是其"追求个人卓越"的个人意识，每天都提升一点，每天都尽力做到最好。能这么想、这么做的人，往往会脱颖而出。决定新任经理人成败的，是其"有责任担当、能灵活调整、追求团队卓越"的团队意识，无论高层意图是进攻还是防守，是降本增效还是敏捷突破，新任经理人都能带领一线团队，做到持续成长。

领导角色2：中级经理人，从领导他人到领导初级经理人

相比转型升级较为显著的阶段1，阶段2的转型升级往往容易被忽略，很少有公司会在中级经理人培训中重点关注。然而，中级经理人恰恰是企业领导梯队的中坚力量，因为选拔培养初级

经理人的是他们，后来成长为企业高管的通常也是他们。

相比初级经理人，中级经理人的工作职责的最大不同在于其工作重心的转变。初级经理人战斗在业务一线，还会在产品及服务交付方面亲力亲为，或亲自动手为下属打样；中级经理人则又隔了一层，其工作重点在于如何选拔培养初级经理人，如何给他们布置工作、评价绩效，并有针对性地帮助他们成长提升。此外，中级经理人还需要跳出自己的部门，学会从组织视角思考如何更有效地跨部门协同，如何更有力地支撑整体业务。

身为中级经理人，如果还是沉醉于个人的专业能力和个人的工作成果，就很难完成必要的转型升级。很多时候，晋升至此的中级经理人还没能完成初级经理人的转型升级，在工作理念、时间分配和领导技能方面还沿袭着个人贡献者的工作习惯。这种情况对组织领导梯队建设伤害极大。其原因不仅在于他们压制了初级经理人的成长，使其陷入具体工作，还在于他们给初级经理人灌输了错误的工作理念；更要命的在于，他们往往会更看重专业技能，而非领导潜质，常常会选拔了错误的人担任初级领导职务。他们尚未明白：做好自己的工作和带领团队做好团队整体的工作是两回事。

在工作理念方面，中级经理人不仅要关注自身的改变，还要关注自己的下属，因为这对初级经理人的转型升级至关重要。如果某程序员能力出众，但只关心自己，对帮助他人毫无兴趣，就不应该被提拔到领导岗位。因为个人能力再强，都不能弥补领导意愿的缺失。事实上，对中级经理人而言，最为艰难的抉择往往是让那些无法完成工作理念转变的初级经理人回到个人贡献者的岗位。

由于初级经理人往往没有机会参加系统性的领导力培训,中级经理人对他们的辅导就显得越发重要。有效的辅导,需要持续的时间投入,需要持续地重复"指示—行动—反馈"辅导闭环。很多企业对辅导不够重视,对投入巨大且成效卓著的经理人也没有相应的认可与激励。这就难怪不少新任经理人对此既不重视也不投入了。

同样,中级经理人也需要完成工作理念的转变。除了初级经理人应有的"有责任担当、能灵活调整、追求团队卓越"的团队意识,中级经理人还需要认识到自己在组织协同中的枢纽作用。他们不仅要协调本部门内的不同团队,还要沿着业务流程,主动跨部门拉通上下游,且要顺着组织层级,帮助一线团队理解业务战略,对齐业务目标,做到上下同欲。这个领导角色特别强调"拉通和对齐",这对中级经理人的成败至关重要,否则他们就无法有序、有效地开展工作。

领导角色3:职能负责人,从领导中级经理人到领导职能

职能负责人的转型升级往往要比想象的困难。从表面上看,中级经理人和职能负责人的工作似乎很类似:都是领导经理人,都需要协调其他部门。貌似风平浪静,其实暗流汹涌。比如,职能负责人距离一线员工更远,中间隔了两个管理层级,这对其沟通能力提出了新的挑战。再比如,晋升为职能负责人意味着职责范

围的扩大，其中必然有些是此前不熟悉、没做过的，对职能负责人的学习能力也是新的考验。更大的考验在于，职能负责人往往要向业务一把手汇报，是该业务核心团队的一员，这意味着他们不仅需要深入理解其他职能的角色定位、业务需求、重点工作及主要挑战，还需要同步打造两个新技能：一是与其他职能紧密合作，二是按业务需求为自己负责的职能争取资源。

对于新任职能负责人，也许最难的跨越升级是要从日常工作的推进者转型升级为职能战略的制定者及执行者；尤其是如何深刻理解整体业务战略，如何在资源有限，必须相互妥协的情况下，做到职能战略与其他职能战略的有机结合，对业务战略提供有力支撑。从时间分配的角度，这意味着他们需要参加业务整体的相关会议，需要与其他职能相互配合。这样一来，必然会挤占原本投入在自己所属部门的时间精力。这又意味着什么呢？更多地授权给下属，是唯一有效的解决方案。

在这个阶段，职能负责人还需要显著提升自己的视野宽度及思考深度，学会从业务全局、长远发展的角度，站在构建业务长期竞争优势的战略高度，对自己负责的职能提出更高的要求。这个成长跨越是巨大的。尤其要注意，仅创造短期竞争优势是不够的，拥有长期可持续的竞争优势才是目标。

下面的案例将为你生动地诠释新任职能负责人所面临的一系列挑战。

> **案例研究_**
>
> ## 职能负责人汤姆
>
> 六个月前,汤姆被提升为总监,负责产线运营及零部件采购。他有五位下属,四位分别负责大型装配产线,一位负责零部件采购。从过往的经历看,汤姆对销售、财务及其他职能比较熟悉,但对生产采购比较陌生,尤其是在如何更具前瞻性地制订生产及采购的中长期计划、如何更深入地了解高科技产品装配极为精密复杂的一线情况等方面,挑战更大。
>
> 汤姆深感自己力不从心:既不能有效连接一线员工,及时了解一线情况,又无法精准把握具体的装配步骤,继而更好地整合产线形成合力。有些原先熟悉的老师傅,随着自己的升职,也都逐渐疏远起来,而他们恰恰是自己做好规划所必需的、极有价值的实时信息源。

在很多企业,像汤姆这样的情况,只能靠他们自己:用优势遮劣势,做好表面文章,力求蒙混过关。通过深入调研,我们发现,作为新任职能负责人,汤姆还有不少功课要做。比如,他需要学会跨级沟通,既能与身处一线的个人贡献者建立有效连接,实时掌控一线动向,又不会影响产线负责人的管理权威,不会让他们及向他们直接汇报的初级经理人觉得自己是在越级管理。这是典型的"既要又要",其中的分寸把握非常微妙。幸运的是,公司系统性评估发现了不少类似问题,于是为汤姆提供了个性化的教练辅导,并让他参加了有针对性的培训课程,帮助他提升相关领导技能,更好地完成这个转型升级。

这个领导角色特别强调"战略领导力"。这需要强大的战略思考及规划能力作为支撑,来自上级领导及外部培训的相关帮助必不可少。否则,即便是带病过关,也会后患无穷。就像让"最好的工程师"做工程部负责人,往往不是最好的选择。

领导角色 4:业务一把手,从领导职能到领导业务

不少企业高管对我们说,业务一把手是他们最喜欢的领导岗位。这个岗位通常赋予了他们更大的自主权和更多的掌控感,所有职能都向他们汇报,所有努力奋斗都有市场结果的反馈和检验,这让他们与生俱来、弥足珍贵的领导特质及创业精神有了更大的发挥空间。

与此同时,据说这也是难度最大的转型升级,必须要在工作理念、时间分配及领导技能上实现全方位的转型才行。在此阶段,不仅要持续夯实此前已在打磨的战略规划能力及跨职能协同能力,还要在理解其他职能部门及与之有效协作的基础上,从本职能的专业视角升级为业务整体的经营视角及长期视角,系统性地全面思考业务如何才能赢利,如何才能持续赢利。从这个意义上说,相较职能负责人,业务一把手的思考方式有本质上的不同。

相比之前所有的转型升级，新任业务一把手要面对的此前不熟悉、不了解的领域更多。这对那些从单一职能成长起来的人来说，挑战尤为突出。他们必须快速建立对其他条线的认知，迅速接受对业务全局的责任担当。即便不了解，此前没参与，也要负全责。他们得面对更多的新下属，学会清晰有效的沟通互动；他们得承担更多的新职能，学会敏锐洞察其相互间的微妙区别。

这个阶段最具挑战的跨越，是如何做好长短期平衡。业务一把手既要达成短期绩效，比如季度或月度的经营利润、市场份额、产品规划及团队建设目标等，又要面向未来，思考今后三到五年的制胜之道，并在此基础上做好各职能的资源配置。此处的关键是时间投入，尤其是花在深入分析、复盘迭代、规划推演上的时间。这意味着业务一把手必须从具体工作中抽身出来，为自己留下足够的深度思考时间。

如果业务一把手不能完成转型升级，就会成为组织梯队的严重卡点。比如，这个阶段的一大常见问题是，业务一把手对财务、人力及法务等中后台职能缺乏应有的重视，对这些职能本可以有的价值创造缺乏正确的认知。领导不重视，下属就会失落，就很难全情投入，更不用说带动激发整个团队。业务一把手必须学会听取建议，接受反馈，信任职能部门，这样才能为自己创造更多的思考时间。

这个领导角色特别强调"利润领导力"。业务一把手要为利润负责，每分钱的投入都应该有相应的回报，不能由着个人兴趣发起新项目；不能根据个人喜好，在资源配置时偏心某个职能部门；

更不能忙于日常工作，忽略了业务经营的整体盈亏。

领导角色 5：企业领导者，从领导业务到领导企业

这个阶段的转型升级，关键不在技能，而在理念。在很大程度上，企业领导者需要对自己进行全面刷新。要想做好企业的掌舵人，必须既能高瞻远瞩，构建长期愿景；又能脚踏实地，夯实运营机制，确保经营结果能达成短期业绩目标，确保执行过程不偏离长期战略指引。这种"既要又要"，需要权衡取舍，这对企业领导者的决策能力是极为严峻的考验。除了对内，还有对外。企业领导者需要高度重视外部环境，不仅要管理各种各样的外部利益相关方，还要对外部变化保持高度敏感，力求做到未雨绸缪，防患于未然。

企业领导者要认知到企业绩效往往取决于三四个关键决策。这些关键决策是什么，该怎么做，企业领导者要高度重视，高度聚焦。要知道，从一个业务到企业整体，从一个地区到全球市场，从战略规划到长期愿景，对领导者的要求有根本性的不同。这个阶段还需要学会放下，因为唯有放下（很多重要的），才能聚焦（真正关键的）。要放下过去熟悉的产品、客户、某个业务，要学会以全局视角，分析思考企业的所有职能、所有产品、所有客户及所有业务。

在这个层面上，企业领导者（通常被称为首席执行官），必须组建自己的领导班子，邀请那些功勋卓著、雄心勃勃的高管加入，其中多半会有觊觎大位的人，这也是正常的。企业领导者还要认识到自己极为特殊的岗位职责，要投入足够的时间和精力，利用

各种可能的途径，与全体员工保持沟通，凝聚共识，鼓舞士气，激发团队，奋勇争先。

如果企业领导者不能完成转型升级而成为组织梯队的顶端堵点，那么受到负面影响的绝不只是他们的直接下属。他们的负面影响会层层传导，危及整个梯队。这样的企业领导者既不能做好自己的本职工作，也无法做好人才培养和梯队建设。

培养企业领导者，是组织的大事，绝不可掉以轻心。每家企业只有一个首席执行官岗位，企业领导者上任之前的确很难真正体会其中的艰辛和成长的挑战。好在轮岗模式已被证明是较为行之有效的路径。不同岗位、不同职能、不同区域的多元经历及多维考验，对企业领导者的战略思考及落地执行能力都是很好的历练。相比其他层级，企业领导者的培养难度更大，成功率更低，因此企业需要及早入手，做好储备。一枝独秀式的培养模式风险太高。很多时候，往往是企业领导者自己没有认识到这个转型升级的难度，对自身的成长不够重视，不够投入。

各个角色的工作职责

全面了解领导梯队的典型角色，深入理解各个角色转型升级的关键要点，对领导人才的成长和成功非常重要。在此基础上，还需要深刻洞察各个领导角色工作职责的演进变化。不同角色，职责不同。但很多企业对此缺乏认识，"一刀切"的方式往往不太可取。随着工作职级的晋升，手中资源的增加，高阶领导者必将承担更大的责任，创造更大的价值。因此，有必要逐级拆解不同领导角色的主要工作职责及具体工作内容。图 1.2 是初级经理人的主要工作职责及具体工作内容（第三章还会再次提及）。

主要工作职责	具体工作内容
指明方向	· 清晰定义下属的角色定位及工作重点 · 清晰说明下属个人业绩目标与团队、部门及公司整体目标间的有机联系 · 确定下属个人业绩目标时，能与下属沟通共创
赋能团队	· 帮助下属有效工作，完成职责分工 · 给予下属必要授权，使其能有效达成业绩目标 · 给予下属所需帮助，但绝不越俎代庖，替下属完成其分内工作
培养下属	· 为下属制定明确的成长目标 · 给下属提供以事实为依据的、有建设性的反馈辅导 · 坚持辅导培养，帮助下属成长，并将此视为领导者的职责所在
跟进业绩	· 定期询问下属状况，主动提供工作帮助 · 经常检查工作进展，检视下属业绩表现 · 遇到问题及时解决，绝不任由其放大升级
识人用人	· 选择下属时，不仅要看个人能力，还要看对团队整体的贡献 · 对持续不能达成目标的下属，要敢于决策，主动更换 · 对有潜力胜任多种角色的下属，要优先考虑
团队建设	· 鼓励团队合作，创造包容协作的团队氛围 · 鼓励坦诚沟通，创造开放信任的工作环境 · 提振团队士气，提升团队投入度及敬业度
组织协同	· 定期向领导汇报工作进展 · 适时分享预期中的困难或障碍 · 主动协调、积极推动跨团队协作

图 1.2 初级经理人的主要工作职责及具体工作内容

资料来源：领导梯队学院版权所有

图中所示模板，旨在帮助初级经理人更好地聚焦。第一列是初级经理人的"主要工作职责",第二列是"具体工作内容",即具体做什么,才能履行好自己的工作职责。这样设计模板,是为了更具实操性,让大家更容易付诸行动。

对于具体工作内容,不同企业会有不同要求;即便同一家企业,在业务发展的不同阶段各角色工作内容也会有所调整。图1.2只是打样,只是参考。建议企业根据自身的业务需求,按照自身的话语体系,为自己量身定制。比如,同样是找下属单独谈话,不同企业就有不同的说法。

图1.2中的词语也都经过了仔细斟酌,我们特意采用了简单直白的方式。实践证明,越简单、越直白,就越容易被理解、被执行。绝大多数人在工作时,都很想把工作做好,很多时候只是不知道"什么是好"。因此,首先要讲清楚,说明白,让大家理解到位,才有可能执行到位。

本书第四章会聚焦"中级经理人",会谈到"培养评价初级经理人"是其主要工作职责之一。究竟如何培养评价初级经理人,是长期困扰中级经理人的老大难问题。现在有了图1.2,不仅初级经理人有了成长指南,中级经理人也有了评价依据,可谓一举两得。

当今时代,大多数企业都已认识到"人才库"的重要性,都已在领导梯队建设方面大力投入。需要提醒大家注意的是,在评价人才时,对于同一角色的领导人才,应以统一的工作职责为标准,以实际的工作情况为依据。这样不仅能聚焦关键,还能降低性别歧视、文化差异等因素造成的有意或无意的偏见,更有利于打造多元化的组织。

各个角色的转型升级

要想真正用好领导梯队模型,不仅要了解各个典型领导角色,还需要深入理解各个角色所需的转型升级。正如前文所述(希望你还记忆犹新),不同角色,职责不同,要求不同,转型升级通常不会一帆风顺。有时,有的人需要尝试好几次才能真正实现转型。

拆解来看,各个领导角色的转型升级,关键要素有三个:

- 工作理念:对各个领导角色的基本认知,尤其是哪些工作重要性最高、优先级最高;正确的工作理念,是取舍、聚焦的基础。
- 时间分配:不同角色,职责不同,在不同工作上的时间分配也应随之进行调整;进入新角色,不能再沿用老办法。
- 领导技能:不同角色,要求不同,领导技能也要完成相应的升级。

对于转型升级,以上三个关键要素是个有机整体。要想做好,就不能偏科;层级越高,越是如此。此外,还需要有意识地打破惯性,与过去的老办法说再见,因为在上个阶段行之有效的方式方法,放到新的领导角色中往往会适得其反。可谓彼之蜜糖,汝之砒霜。

下面，让我们通过两个虚构案例一探究竟。

案例研究_
初级经理人鲍勃

鲍勃是技术大牛，全部门首屈一指，再棘手的技术问题到他这里都能迎刃而解。干了七年工程师后，鲍勃最近刚被提拔为初级经理人，技术能力过硬是其获得晋升的重要原因。

升职之后，鲍勃还是延续"个人贡献者"的工作状态，钻研技术问题，解决技术难题。毕竟，这是他最熟悉、最擅长的专业领域，也是他自认为最能创造价值的工作方式。这么一来，他无意间陷入了与下属的竞争：由于总觉得自己能力更强，能做得更快更好，总把最难的问题留给自己，所以无形中制约了下属的成长，助长了他们的依赖性——遇到困难找鲍勃就好，没必要自己死磕。

从工作理念的角度看，鲍勃的认知显然是技术工作比领导工作更重要。鲍勃没有意识到的是，这恰恰阻碍了他的转型升级，让他根本没有机会历练初级经理人应有的领导技能。

案例研究_

业务一把手玛丽亚

玛丽亚以前是销售经理，刚被提升为业务部门负责人，正在经历从职能负责人到业务一把手的转型升级。玛丽亚一路走来，一直做销售，特别擅长发展新客户，特别喜欢与客户互动，花很多时间与客户一对一交流。不仅如此，她在如何提升客户服务方面极具创意，多年来一直能持续、超额达成业绩目标。

升职之后，玛丽亚突然发现，作为业务一把手，她面临的挑战很大。比如，她跟销售岗之外的其他职能人员似乎缺乏共同语言，总聊不到一块儿；其他职能人员也不理解，更不认同她搭建的业务模式。再比如，她不明白为什么产品开发与生产制造之间总有各种矛盾，为什么新产品交付总是需要特别长的时间。面对遭遇的种种挫折，玛丽亚暗下决心，要凭借自己的优势，再次渡过难关。于是，她干起了老本行，开始在新客户关系建立和老客户深化合作方面聚焦发力。回到舒适圈的玛丽亚还没有意识到，销售只是业务一把手工作责任的一部分。

领导多种职能团队，是玛丽亚职业生涯的第一次。她

→

> 对销售之外的其他职能还缺乏认知，既不理解各个职能的价值，也不重视各个职能对业务整体成功的贡献。她没能把自己从事务性工作中解放出来，更没有真正投入战略性的思考与规划。称职的业务一把手必须有战略意识，必须能够理解、重视所有部门。

工作理念

工作理念是对各个领导角色的基本认知。你的工作理念决定了你认为哪些工作更重要，你该以什么方式创造价值。毫无疑问，工作理念是转型升级三要素中最重要，同时也是最困难的一个。领导技能可以培训，时间分配可以规划及追踪，工作理念的改变则需要真正的认知突破：过程虽难，一旦完成，威力巨大。

沿着这个思路，回看鲍勃的案例就会发现：过去形成的工作理念正驱使着他继续专注技术问题，正阻碍着他完成转型升级。作为初级经理人，他不应该继续凡事亲力亲为，而是应该投入时间精力辅导下属，帮助他们成长，通过团队解决问题。不升级理念，行为就不会改变，技能就无法提升。

玛丽亚的情况也是一样。她对客户的热情、对销售的专业，显而易见；对其他职能、对业务整体、对战略规划，则相距甚远。从目前状态看，她还没有完成转型升级，还在以销售负责人的方式开展工作。作为业务一把手，她不应该只做客户拜访及销售赢单,而是应该深入理解各个职能,把大家拧成一股绳,按照整体业务战略,既分工又合作,各司其职,共同努力,为客户创造更好的体验和更大的价值。

时间分配

随着持续成长及转型升级,领导人才会越来越意识到,要想在新领导角色取得成功,关键不在自己多么英明神武,而在如何帮助下属成长、团队成功。

从这个角度看,鲍勃的时间分配就很成问题。在他的时间表里,貌似技术工作才是正事,占据了大量的工作时间;与下属成长及团队建设相关的领导工作,比如单独谈话、绩效评估、预算检视等,都零打碎敲地挤在了其他时间。其实,鲍勃也知道自己肩负的领导责任及公司要求,比如,每年9月要做预算检视,每季度要跟每位下属做绩效面谈等。对于这些领导工作,鲍勃应该尽早安排时间,提前做好准备。

玛丽亚也是一样。她应当投入时间精力,深入了解各个职能究竟如何运转,彼此之间究竟如何协同,合为一体究竟如何支撑业务、创造价值。她应该找信任的人替代自己来掌管销售,而不是亲力亲为。

遗憾的是,"应该"往往不是"现实"。现实是很多新任业务一把手常常像玛丽亚一样身陷舒适区,不仅不能自拔,而且以为是身不由己。他们的理由很充分,比如,即便找了下属替代自己掌管原有部门,在他们眼中,尤其是在其上任初期,也总会觉得下属不如自己；再比如，认为自己更懂原有部门的业务，比起跟其他职能人员开会，跟原有部门开会更能创造价值。

如果业务一把手不能升级工作理念、改变时间分配，不肯花时间真正理解各个职能的业务贡献，就不能制定行之有效的业务战略，也就不能打造真正有力的竞争优势。这么下去，早晚会出大问题。

领导技能

不同角色，要求不同；要想胜任，就必须培养新的领导技能。这么简单直白的道理，大家都懂。

相比工作理念的改变和时间分配的调整，领导技能的提升貌似最容易，但绝不能因此掉以轻心。比如鲍勃，除了工作理念和时间分配，还需要学习一系列新的领导技能，比如，如何编制计划、如何识人用人、如何设定目标、如何明确职责、如何反馈辅导等。对于初级经理人，这些领导技能是基本功。在这个阶段打好基础，将会受益终身。

玛丽亚面临的挑战更为艰巨，比如如何整合各个职能，如何搭建整体业务体系，如何推动执行并把握节奏。尽管技能提升天经地义，但并非所有人都能掌握所有角色要求的所有技能。对照业务一把手的能力要求，目前玛丽亚还差距很大。如果之前阶段还有带病过关的情况，那么现在既要补课又要学新，难度就更大了。我们见过不少业务一把手的失败经历，的确让人非常痛心。

三要素的内在联系

需要特别注意的是，工作理念、时间分配及领导技能三者之间有紧密的内在联系，是个有机的整体。要想做好转型升级，你就不能只调整其中一项而罔顾其他。比如，工作理念对时间分配影响巨大，因为人们大都倾向先做他们认为最重要的事。领导技能也是如此，因为人们大都喜欢做自己擅长且能为自己赢得认可的事。沿着这个思路，在转型升级时，如果能投入时间精力，扎实掌握新角色所需的领导技能，那么会促进工作理念的改变，也更容易花时间把该做的领导工作做好。

发展规划的全新视角

逐渐掌握领导梯队各阶段后，你自然会以全新的视角思考自己的职业发展，比如路径选择、成长规划、晋升节奏及绩效评估等。更重要的是，你还会以全新的视角规划组织的人才培养，比如板凳深度如何、人才流动如何、哪里有堵点等。领导梯队不仅能帮你做好流程搭建，做到各个组织层级、各个领导岗位的人岗匹配，还能帮你指导正处于各个转型升级阶段的领导人才更好地完成转型升级，更好地为组织创造价值。

对于个人发展，有一点特别提醒：图 1.1 是领导梯队的示意图，而不是个人职业发展的路径图。并非所有人都要跻身金字塔的塔尖，既机会渺茫，也没必要。大多数领导者会停留在中级经理人的角色，有些会成为职能负责人，甚至是业务一把手。职业发展的路径有很多，晋升并非唯一的方向。有时，同一角色不同岗位的横向调动，比如不同职能、不同地区，也会让人受益良多。有时，有人被破格提拔，比如没做过初级经理人，就跳级到了中级经理人的职位。这样的跳级，虽不推荐，但也时有发生；关键在于到了新岗位，中间跳过的领导角色所需完成的功课还得补上。有些初级和中级经理人做了一段时间后，还会选择重回专家岗。当今时代，职业发展的选择有很多。有了领导梯队模型，明确了各领导角色的职责和要求，能帮助大家更好地思考，设计更适合自己的职业规划。

对于组织梯队建设，有了领导梯队模型，你会更容易发现问题。试想一下，如果组织中有一半领导人才不能根据其角色的要求完成必要的转型升级，还抱持着过去的工作理念，沿袭着此前的时间分配，仰仗着以往的领导技能，那么即便这些人有潜能，恐怕也发挥不出来。这些身处更高领导岗位，心智还在此前领导角色的人，就是梯队堵点。从组织的角度看，人岗匹配是关键。

人才选拔，是重要的业务决策；干部晋升，是关键的组织投资。如果使用得当，领导梯队模型能帮你更好地收集事实依据，更可靠地分析判断，显著提升决策质量及投资回报。

对比领导梯队模型，你还会发现传统"胜任力模型"的缺陷：仅强调领导技能，没有根据不同领导角色的不同职责、不同要求，从工作理念、时间分配及领导技能三个维度进行系统性的全面分析。正因如此，只靠胜任力模型，很难做好领导力测评、培养及后备继任规划。胜任力模型是很好的管理工具，但作为组织人才培养及梯队建设的基石，还不够全面和系统。

依据领导梯队模型的转型升级三要素，更容易洞察表相背后的根本原因。比如，领导者业绩不佳，究竟是什么原因？想要帮助领导者提升，应从哪里入手？领导者迟迟不做下属的个人发展计划，究竟卡在哪里？很多时候，深挖下去，你会发现根源还在工作理念，还在时间分配，而不是领导技能。这就是为什么我们反复强调三要素是个有机整体，只看能力，偏废其他，很难真正解决问题。

在考察领导者及决策晋升时，领导梯队模型还能帮你更好地评价候选人。比如，如何评价初级经理人是否有潜力成长为中级经理人？不妨对照这两个领导角色的职责定位，以及在工作理念、时间分配与领导技能方面的升级要求，客观评价该候选人是否真正完成了初级经理人的转型升级，深入分析其是否展现了中级经理人的特质潜能。没有领导梯队模型的指引，这种分析判断往往比较抽象，比较主观；有了极具实操性的模型指引，再做这种分析判断，就会更为具体，更加客观，更有把握。

领导梯队的应用指南

时代变迁，业务发展，企业对领导人才的期待与要求也会发生变化，急需大家跳出"胜任力"的单一视角，以更全面系统的方式评价绩效、选拔高潜、规划继任及培养后备。领导梯队模型不仅能顺应时代的趋势、业务的要求，还具有极强的普适性，能灵活适配各类组织、各种架构以及各个角色的各种要求。本书第三部分会结合具体应用场景，为你详细说明。

要把领导梯队模型真正用好，就要勇于挑战传统，敢于下苦功夫。尤其是，要清晰定义各领导角色的职责定位，毕竟职责不清，责任担当就无从谈起；要明确拆解各领导角色的转型升级，毕竟要求不清，人才培养就很难有的放矢；还要依照各领导角色的职责定位及成长要求，全面收集实际工作表现，毕竟事实不清，能力评价及潜力判断就不可能做到有理有据。角色不同，职责不同，要求不同，转型升级的重点及难点也不相同。本书第二部分会结合每个典型领导角色，为你深入拆解。

最后，想提醒一点，即在应用领导梯队模型时，要敢于根据自身情况，灵活调整。每家企业都是一个独特的存在，企业文化、组织架构及业务模式都不尽相同，过于机械地照本宣科，往往很难落地，很难真正为组织创造价值。

第二章
领导梯队有什么用

但凡谈到应用新的管理体系或管理工具，就必须面对一个关键问题：是否值得用。既然是新的，就有学习成本，就有不确定性，就会有人质疑。无论是时间，还是预算，资源总是有限的，为什么要给自己找事，为什么要冒这个险呢？

先做个类比：如果一家企业的首席财务官不做账务明细，不搞预算管理，不建会计系统，资源配置也不做总量控制，也不走规范流程，能把财务管好吗？企业的财务管理工作通常非常严谨，组织上下既有共同语言，也有统一的框架及规则。相比之下，企业的领导梯队建设工作就显得较为薄弱，急需建立一套统一的框架体系：在分层级及角色的基础上，以统一的标准评价工作表现、判断发展潜力；以统一的话语体系及流程规范讨论问题、洞察风险、把握机会，并基于事实及数据进行分析决策，比如提升重点、调整岗位及职级等。

关于应用领导梯队模型有什么用，是否值得企业应用，猜想你内心的答案是肯定的。只要根据企业的具体情况做好适配，大家很快就能从中尝到甜头，感受到价值，而且是确定的、可衡量的、惠及各方的价值。以统一的话语体系为例，很多时候人们忽略了共同语言的重要性。其实，人类的思考是建立在语言的基础上的，统一的话语体系是统一思想的表现，是统一行动的前提。

加强薄弱环节

业务经营需要每个环节的有机协同，企业运转需要每个人的齐心协力。从这个角度看，每位领导者都很重要，因为他们是组织的黏合剂，确保了各个团队间的无缝连接和高效协同。没有他们，组织就会变成一盘散沙。

与其重要性形成鲜明对比的是，不少企业的领导人才储备相当匮乏。家底太薄，怎么办？迫不得已，只好采取"拿来主义"，通过对外招聘解决燃眉之急。作为短期战术，外聘无可厚非；有机会招到大牛，的确不容错过。但作为长期战略，这绝非上策。这不仅因为外招大牛往往要价不菲（优秀人才毕竟是少数），还因为这些人中不乏某些金玉其外的所谓职场明星。由于晋升过快、跳槽过频，蜻蜓点水式的成长经历让他们在每个岗位上都没有待足够长的时间，无法深入理解业务，也无法深度复盘、总结经验教训、掌握关键技能、持续证明自己。

"明星高管"的价值的确不可小觑，但光有明星远远不够。当今时代复杂多变，科技进步、海外拓展及众所周知的其他因素，都对企业各层级、各地区、各条线的领导人才提出了更高的要求。要想持续满足客户、股东、员工及其他相关各方的要求与期待，企业必须全面提升组织能力。这意味着，每家企业都要建立长效机制，加强梯队建设，夯实人才储备，加强人才培养，做到人岗匹配。

要想提升组织能力，应从哪里入手呢？在此，我们不妨参考最近经济形势分析常用的"薄弱环节与优势环节"分析法。

资源有限，如何聚焦？究竟是加强薄弱环节，还是进一步强化优势环节？答案很简单——取决于制胜之道。同样是胜负明确的集体项目，篮球队和足球队的制胜之道就有很大区别。相比足球，篮球比赛的场均得分很高，一支球队有两三个超级明星，就能对总冠军发起有力冲击。明星的个人突破能力很强，一个人就能完成运球、上篮、得分一条龙；两三个明星加在一起，更是势不可当。这是篮球队的制胜方式。足球比赛的场均得分很低，胜负往往就在一两个球之间。要想进球，从后场到前场，从组织进攻到破门得分，往往需要耐心地传切配合。在这个合作长链中，只要有一个薄弱环节，就会被对手撕开突破口，继而往往是一溃千里。由此可见，篮球队可以聚焦投资明星球员，足球队就得更加注重整体实力，更加重视薄弱环节，确保每位队员都能高质量地完成配合，否则即便前锋再强，只要一人丢球，也会前功尽弃。

企业经营更像是足球比赛，需要各个团队紧密协同，因此在领导人才培养上更要着眼整体，更要加强薄弱环节。对此，领导梯队模型就是很好的指引，不仅能根据不同领导角色提出不同要求，帮你搭建整体框架，还能从工作理念、时间分配及领导技能等具体维度，帮你洞察薄弱环节。

需要注意的是，企业对发展中的不同角色的组织能力的要求和投入也会有不同侧重。比如，创业企业及中小企业很可能更像篮球队，需要聚焦产品及营销方面的领军人物。当然，这样的侧重取舍不是一成不变的，必须随着业务增长及组织发展动态调整。

降低隐性成本

隐性成本是个非常重要但尚未广泛使用的概念。隐性成本指的是不直接与产品设计、生产、销售及交付相关的其他费用。其中有些是必需的，比如人才招聘、财务记账以及社区贡献。但绝大部分是对经营无益的，比如等待指令时的窝工、纠正错误时的返工，以及人员流失带来的一系列损失。

在所有隐性成本中，对组织伤害最大的是"角色错位"造成的浪费，这些角色即那些身在更高领导岗位，实则干着下属工作的领导者。他们拿的薪酬比下属多，有的还多不少，但他们做的工作却跟下属一样。

大家经常讨论组织效能，却很少讨论领导效能。尽管很难量化，但至少应该分析思考。不妨问问自己，相比去年，组织效能是否有所提升？如果有，可以归功于哪些领导行为、哪些领导效能的提升？更具实操性的方法是从源头解决问题，减少那些角色错位的领导者，或减少他们在错误工作内容上投入的时间和精力。

角色错位对组织伤害很大，不仅在于那些多付的薪酬，更在于对下属成长的压制，对重点工作的疏漏，对上级支撑的减弱，结果往往是自身效能低下，团队士气低落。

夯实人才储备

企业为什么要重视领导梯队？因为随着企业持续发展，其对各级领导人才的需求会越来越多，尤其是需要高级领导人才有能力、有意愿做好领导工作。每家企业都需要建立"领导人才储备库"。要想有储备人才，就得有伯乐发掘他们、培养他们；给他们安排合适的工作，帮他们制定有益的目标，给反馈，给激励，持续关注他们的长期发展。企业越坚持这么做，各级领导人才储备就会越充足，出现新的或更多的领导岗位时就越能有人快速顶上。这对所有企业都适用，而不仅仅是创业企业或高科技企业。从这个意义上说，领导梯队模型是企业夯实人才储备行之有效的路径方法。

遗憾的是，不少领导都不尽如人意。员工不满及持续流失的问题，在很大程度上都与领导不力有关。这种情况在基层尤为常见。这种问题不是无解的。应当根据发展需要提前规划，提前储备；而不是到需要人才的时候，指望通过对外招聘，就能神兵天降。这种迫不得已的病急乱投医，往往会适得其反。如何团结队伍、如何做好基层领导工作，这些大都是可以习得的。

资金是企业发展的重要资源，每家企业都有资金储备。领导储备比资金储备更重要。要想强将如云，就要在梯队建设上有投入、下功夫。根据我们长期的全球实践，领导梯队模型具有极强的普适性，应用在每个国家、每个行业、每种企业规模及每个业务发展阶段，都能起到很好的效果。差别主要在于企业是否真正重视领导工作，是否真正要求领导者对此负责。

要想夯实人才储备，就不能有所偏废。我们看到，有些企业在高管成长方面显著增加了投资，商学院高管培训项目的蓬勃发展就是佐证；也有不少企业为新晋初级经理人打造了结构化的培训体系。但问题是，这些培训往往专注于领导技能，对转型升级所必需的在工作理念及时间分配方面的调整改变涉及不多；而且只抓两头、忽略中间的方式，对组织梯队的整体建设也是弊端多多。

有些大组织只关注高层领导培训，对一线领导的培养工作则由各业务或各地区自行负责，还将之称为"去中心化"。这样做的问题在于，人才很难跨业务、跨地区流动。还以财务做个类比，你能想象首席财务官只核算全球大客户的收入，而对其他客户收入通常占比可高达80%一无所知吗？显然不可能。即便是业务多元且遍及全球，首席财务官也会通过各种系统工具及制度流程，把每笔钱算得清清楚楚。如果你真的信奉"人才是企业最重要的资产"，那么组织人才管理就应该达到与资金管理一样的细致与严谨。

通过许多不同行业、不同地区企业的长期成功实践，我们相信领导梯队模型中蕴含了组织梯队建设及领导人才培养的重要原则和方法。这些经过了时间考验、实践检验的原则与方法，不容忽视。在领英上，不少来自全球各地的领导者也深有同感。

企业成败，关键在人，尤其是领导人才。领导梯队的基本原则及落地方法，的确值得学习与践行。

支撑未来发展

随着时代的进步，越来越多的企业认识到，不能只是埋头拉车，只关注眼前利润，还要抬头看路，关注企业未来的可持续发展。越来越多的企业反馈，领导梯队模型不仅能帮他们做好领导人才的当期评价，还能帮他们未雨绸缪地做好梯队建设，支撑企业的未来发展。

正如前文所述，阶段不同，角色就不同；职责不同，要求就不同。无论是绩效评估、晋升奖金，还是潜力识别、发展培养，都需要依据具体标准。标准不同，结论就不同。标准不统一，就会出现各种问题。因此，企业需要搭建统一的框架，制定统一的标准，指导组织整体的人才管理及梯队建设工作。我们最早写《领导梯队》的时候，就知道这种需求。但后来我们发现，这种需求要比我们当时想象的广泛及迫切得多。

与此同时，我们还发现领导梯队模型的应用已远远超出了人才发展、继任规划的传统场景，正在支撑业务未来发展方面发挥越来越大的作用。以下四个案例,就是很好的示例。

案例 1:企业出海及人才策略的重大调整

过去 20 年,A 企业除了深耕本土市场,还在周边 15 个国家及地区设立了中小型子公司。从员工地域分布上看,70% 在本土,30% 在海外。预计 7 年后,这个比例会倒过来。

目前,A 企业的人才管理框架、方法及导向,在很大程度上,还沿袭着过去基于本土市场发展而来的老一套,培养资源也相对倾斜在从本土市场成长起来的前 100 名核心高管,这些都阻碍了海外业务的发展。A 企业急需从根本上改变梯队建设及人才发展的策略与方法。

案例 2:大幅提升女性中高管占比

根据业务发展方向,B 企业认为大幅提升女性中高管占比,对企业未来的成功非常重要,于是深入分析了目前女性中高管匮乏的原因。关键在于以下三点:

- 领导选拔缺乏客观标准及工具方法。以男性为主的领导层往往不自觉地以男性标准为参照,对于女性不够客观,不够友好。
- 领导工作的职责定位及岗位要求不够清晰,容易让女性领导者产生误解,导致机会出现时,女性领导者没有积极申请。

- 领导绩效评价及潜力识别缺乏有效的流程及方法,很多判断缺乏事实依据。

当然,在过程中,B企业还发现了目前梯队建设的其他堵点和卡点,无论对男性还是女性领导者都不太友好。

对A、B两家企业,领导梯队模型的核心价值在于,帮助企业聚焦领导者的工作职责,降低领导者性别、国别、文化及性格等因素的影响;帮助企业细致拆解各领导角色转型升级的要求,并以此评估领导者成长及晋升潜力。

案例3:提升矩阵式组织协同效率

C企业从事大型项目建设业务,要想快速发展,急需提升组织的规模化能力。为了支撑未来发展,C企业做了组织架构调整,在职能条线垂直管理之外,成立了项目群组织:每个项目像独立业务部门一样,独立核算,自负盈亏;由工程建设部统一管理。

这么做,为什么能提升规模化能力呢?项目群相当于战区,按当下所需,灵活组建项目团队,其中85%的骨干从各职能抽调;职能条线相当于各军种,按当下及未来三五年所需的技术、业务能力及人员规模,做好前瞻规划,提前布局。

C企业承接的大型项目建设周期通常在三年以上。在这三年多的时间里,一半以上的项目人员需要把90%的时间投入该项目的建设工作。在这种架构下,按需灵活选拔人才,组建团队,绩效评级及人员遣散,就成了实现规模化发展的关键。

因此，企业核心层由项目经理及各职能经理组成。理论上，项目成员对项目经理及职能经理双线汇报，有两位经理关照；然而事实上，往往是两边都不管。

对于C企业，领导梯队模型的核心价值在于兼顾项目经理及职能经理，定义各自的岗位职责及具体要求，既明确分工，又促进合作，还能追责到人。

案例4：加速推动战略落地

D企业在某战略咨询公司的帮助下完成了有关组织精简的咨询项目：希望通过增加管理幅宽，即要求每位领导至少带七位下属，减少两个层级，提升组织执行力。减少组织层级貌似简单，实则需要重构组织，重新设计业务流程。增加管理幅宽，道理大家都懂，原则也都支持，但有个问题至关重要：究竟是什么原因，导致出现管理幅宽不够、所带团队太小、领导人员冗余及组织层级过多等一系列问题呢？

其中原因肯定很多，但我们了解到的根本原因是：不少领导的工作理念还没有完成转型升级。一旦团队人数超过四人，他们就觉得领导工作占据了太多时间，导致自己都没时间好好"干正事"了。相比带团队、做领导工作，他们更喜欢自己上手，干老本行，解决具体问题。对于他们，这才是正事，这才会给他们满足感。

当然，既然是明确的公司战略，既然已经花钱做了咨询，接下来管理幅宽肯定会被增加，组织架构肯定会被调整，组织层级肯定会被削减。但如果不解决各级领导工作理念的问题,估计三四年后,还是会回到原状。因为如果他们真的不想转变工作理念,或者转变不到位,就总能找出理由,一点点回到舒适区。

对于D企业,领导梯队模型的核心价值在于帮助企业重新规划人才发展路径,帮助各级领导从工作理念、时间分配及领导技能的角度,完成真正的转型升级。其中,工作理念是根本,只有真正认识到领导岗位的职责,真正体验到领导工作的价值,才能真正喜欢带团队,真正愿意带更大的团队。

共担建设责任

需要强调的是,搭建领导梯队及发展领导人才,不仅是人力部门的工作,更需要组织上下各级领导的全力支持及以身作则。人力部门可以帮助搭建框架体系,推动落地流程,需要确保框架正确、设计合理、工具好用,用了真有价值;但梯队建设的操盘手,其实还是各级业务领导,因为选人用人的是自己,评价判断的也是自己,带团队、做业绩、承担后果及从中受益的还是自己。理解并用好领导梯队模型,对各级领导的工作成效大有裨益,尤其是对中高级领导者。

全球风起云涌,形势复杂多变,大家对企业领导者的期待和要求远超以往。外部环境严峻,容错空间本来就小,要是再有重大的领导失误,企业很难经得起内忧外患的双重打击。企业要想穿越周期,渡过难关,就需要系统性提升组织能力,尤其是要能从内部培养出靠谱的领导者。正因如此，相比十年前，我们认为在当今时代，本书的价值更大，重要性更高，更能帮助企业渡过难关。不少读者告诉我们，领导梯队模型不仅能帮助他们所在企业做好领导梯队建设及人才发展，还从根本上让组织变得更有人情味。

第二部分

领导梯队有哪些典型角色

第三章
初级经理人：
如何领导员工

对于一线员工，即个人贡献者，最重要的莫过于有个好领导，即初级经理人。跟着好领导，不仅工作过程比较愉快，无须面对不必要的压力，而且遇到问题也能得到解答。工作成果自不必说，个人成长也有保障。反之，则苦不堪言：不仅压力大，心情差，而且工作起来也没头绪，总让人想另谋出路。

对于企业，初级经理人虽然级别不高，但下属众多，通常会占到员工总数的 80% 以上。从这个意义上说，初级经理人对组织整体的团队士气、工作态度、工作质量、员工满意度及留存率至关重要。

来自不同业务属性、不同组织类型、不同地域文化的初级经理人，往往风格各异，但其领导工作的底层逻辑是高度一致的：通过他人创造价值。

不考虑外部因素的话，个人贡献者要想提高工作成果，只有两条路径：一是延长工作时间，二是提升工作效率。如果不考虑延长工作时间，那么个人贡献者提效 10%，自己的工作成果就会同比提高 10%。

初级经理人的情况则不同，他们的工作成果取决于团队。如果他们的领导工作能提效 10%，比如更好地激发团队，让整个团队的工作成果提高 10%，那么他们就可以借助这种放大效应，为组织创造更大的价值。

因此，从创造更大价值的角度，初级经理人应把着眼点放在团队身上，要通过自己的领导工作，帮助整个团队提升。比如选对人、建好团队、赋能下属、辅导培养下属成长，再比如确定方向、树立目标、跟踪绩效、不断做好工作聚焦。

从理论上说，这些都不难理解，貌似也不难做到。但根据我们多年的经验，许多初级经理人都身陷挣扎之中。他们的挣扎首先殃及一线员工，最终殃及整个组织。

明确工作职责

我们在图 3.1 中总结了初级经理人的主要工作职责及具体工作内容。[①] 这只是最为常见的基本要求，而不是岗位说明书；每家企业还需要根据自身的具体情况调整细化。为了方便你参考，本章的最后还会分析不同的行业类型、不同的组织架构及不同的业

---

① 图 3.1 与图 1.2 的内容相同；图 1.2 是以初级经理人为例，对如何拆解工作职责及具体工作内容的打样。——译者注

务模式会对初级经理人的角色定位提出哪些不同的要求。

主要工作职责	具体工作内容
指明方向	· 清晰定义下属的角色定位及工作重点 · 清晰说明下属个人业绩目标与团队、部门及公司整体目标间的有机联系 · 确定下属个人业绩目标时,能与下属沟通共创
赋能团队	· 帮助下属有效工作,完成职责分工 · 给予下属必要授权,使其能有效达成业绩目标 · 给予下属所需帮助,但绝不越俎代庖,替下属完成其分内工作
培养下属	· 为下属制定明确的成长目标 · 给下属提供以事实为依据的、有建设性的反馈辅导 · 坚持辅导培养,帮助下属成长,并将此视为领导者的职责所在
跟进业绩	· 定期询问下属状况,主动提供工作帮助 · 经常检查工作进展,检视下属业绩表现 · 遇到问题及时解决,绝不任由其放大升级
识人用人	· 选择下属时,不仅要看个人能力,还要看对团队整体的贡献 · 对持续不能达成目标的下属,要敢于决策,主动更换 · 对有潜力胜任多种角色的下属,要优先考虑
团队建设	· 鼓励团队合作,创造包容协作的团队氛围 · 鼓励坦诚沟通,创造开放信任的工作环境 · 提振团队士气,提升团队投入度及敬业度
组织协同	· 定期向上级领导汇报工作进展 · 适时向上级领导汇报预期之中的困难或障碍 · 主动协调、积极推动跨团队协作

图 3.1 初级经理人的主要工作职责及具体工作内容

资料来源:领导梯队学院版权所有

下面会按照初级经理人的工作职责逐一阐述。总之,初级经理人要让团队工作有方向、有意义。

指明方向

初级经理人要清晰定义下属的角色定位及业绩目标,确保他们理解个人目标与团队目标、部门目标及公司整体目标之间的有机联系。在日常工作中,初级经理人要帮助下属明确工作重点。如果下属能较好地理解业务,在制定业绩目标时,还应与下属沟通共创。

初级经理人能否履行好这项职责,对其下属非常重要。如果履行不好,很可能导致下属在其上任第一年离职。离职下属通常会这么说:"领导上任六个月了,没想清楚让我做什么。我很喜欢公司和同事,但也需要明确的方向、具体的要求。总是有劲没处使,真是没什么意思。"

赋能团队

初级经理人要能给予下属必要的授权,使其能有效达成业绩目标;还要给予下属所需的帮助,但要把握好分寸,绝不能越俎代庖,变成替下属完成其分内的工作。这意味着,初级经理人要定期与下属沟通,了解其工作进展,在必要时给予专业指导。

对于初级经理人,授权是极大的挑战。明确要求、分配工作,都不难;但要把自己既擅长又喜欢,且曾为自己赢得认可的工作交出去,绝非易事,因为这特别反人性,尤其是对初次走上领导岗位的初级经理人。除非他们能真正意识到,授权并非放权,并且授权之后往往结果更好时,他们才能迈出这一步。

培养下属

这项职责对业绩结果至关重要。初级经理人的工作业绩等于所带团队的业绩总和。要想提升个人绩效,就要帮助团队达成业绩,就要了解大家的工作情况,在指导下属解决具体问题的过程中辅导下属成长。团队成长得越快,领导业绩就越好。

需要提醒的是,不能一提到培养下属,就只想着送他们去培训;其实很多时候,功夫在平常。以我们的经验,发现问题,及时反馈,及时指导,效果最好。这样,不仅问题得到了立即解决,下属成长往往也会立竿见影。

跟进业绩

这项职责,功在平常,绝不是仅靠每年一次或两次的业绩评估就能蒙混过关的。初级经理人应经常与下属安排一对一沟通,了解其工作进展及业绩表现,并根据需要给予指导与帮助。

在平常跟进时,发现问题,就要及时处理。回避与拖延,不仅对下属没好处,对自己也是一样。在我们的督促下,初级经理人会与下属进行"艰难"的业绩沟通,会依据事实向下属说明其业绩较差。当被问及"第一次出现这个问题且被你指出时,这位下属有什么反应,采取了什么行动?第二次呢?",以下令人痛心的场景总是反复出现——不少初级经理人会说:"嗯……之前还没谈过。"所谓"艰难",不在内容,而在拖延,往往是越拖越难。

在评估业绩时,要做到全面客观,以事实为依据,以结果为导向。尤其要对自己的偏见保持高度警惕。每个人都各有特色，达成结果的方式也不尽相同。不能因下属打破传统的做法，就武断地横加指责。敢于突破创新的人，通常能做出更好的成果。

此外，业绩评估应与成长计划结合起来。初级经理人要从下属的角度，制订具体做什么及怎么做的行动计划，帮助下属有效补齐短板，学习新知识，掌握新技能，更好地成长提升。相比笼统概述，明确具体的行动建议要有效得多。

识人用人

根据我们的经验，识人用人往往是领导最重要的决策，也是每位领导的必修课。在识人环节，岗位技能是否过关相对容易判断，文化价值观是否契合则较难判断。很多时候，新人入职几个月就被辞退，主要是因为价值观不适配。当然也有能力不行的，但大部分还是因为理念、文化、价值观及做事方式难以融入。识人用人的能力提升，需要长期练习、经常复盘。第一次走上领导岗位，一定要在这方面花时间，将之视为第一要务。选择下属时，不仅要看个人能力、价值观，还要看其对团队整体的贡献。

选人的同时，还要敢于主动淘汰那些持续不能达成业绩目标的下属。我们经常听到经理人说："是啊，×××走了，也挺好的；其实他在的时候，也没做出什么业绩。"如果真是这样，为什么不主动采取行动呢？采取行动，并非只有放弃一招，还可以通过更有针对性的帮助指导及工作调整，帮助该员工迎头赶上。

群众的眼睛是雪亮的，某个员工不行，其他小伙伴早就心知肚明，通常比领导发现得还早。对于持续不能达到要求的团队成员，绝不能坐视不管。因为在团队成员看来，领导的视而不见意味着不达成目标、不交付结果是可以接受的。这对团队整体的战斗力损害极大。

团队建设

团队成员到位后，就要做好团队建设，这对提升团队整体绩效功不可没。而且，从人才保留的角度看，良好的团队氛围，融洽的同事关系，也是重要的加分项。

在团队建设过程中，要大力倡导团队精神，鼓励协同合作，持续提升团队的开放度及安全感，让大家敢于坦诚沟通，分享失误，乐于相互学习，共同进步。这里的安全感，更多指的是心理上的安全感，即大家相信暴露自己的弱点、发表不同的观点、挑战既有的规则等行为，绝不会遭受嘲笑批评或打击报复。真实做自己，就能融入团队，就能赢得尊重。

组织协同

除了对内带好团队、交付成果，优秀的初级经理人还会着眼于外部，主动做好组织协同，比如定期向自己的直接领导及相关领导汇报工作，积极推动横向协调及跨部门合作等。主动向领导汇报工作进展及预期之中的困难与障碍，会让领导更放心，更愿意授权。

现在，很多企业都希望打破科层组织，借助数字化工具系统，把数据信息给到一线，真正授权一线，更快更好地做决策。要想让初级经理人真正担当起决策重任，就要培养他们协同相关方、分享优先级、主动解决问题的意识和能力。如果凡事都请示领导，都指望领导协调，就会事与愿违。

拆解转型升级

刚被晋升为初级经理人时，不少人觉得自己已经成功了。自己作为个人贡献者的辛苦工作终于得到了组织的充分肯定，现在当上了经理，到该庆祝的时候了。庆祝的方式多种多样，有人会跟伴侣在餐厅吃大餐，有人会给自己买个礼物。

如果这么想，初级经理人履新不久就会倍感失望，因为真正的"辛苦"才刚开始。第一次走上领导岗位，转型升级的跨度很大，很多人都没有做好充分的准备。其中最难的就是要学会通过他人完成工作，而不再像过去那样凡事亲力亲为。尽管道理都懂，但落到行动上，还是难以真正做出改变。要放下早已驾轻就熟、广受高度认可的工作职责的确很难。然而不迈过这道坎，转型升级就无法实现。

图3.2对比个人贡献者，系统梳理了初级经理人在工作理念、时间分配及领导技能三方面需要完成的转型升级。这里列示的是常见的共性要求，具体到每家企业的每个岗位，则需要具体情况具体分析，进行相应的调整和细化。

个人贡献者	初级经理人
工作理念 · 通过自身的持续精进提高工作成果 · 交付高质量的专业工作 · 遵守组织价值观 **时间分配** · 遵守纪律,不迟到,不早退 · 做好自身的时间管理,按时交付结果 **领导技能** · 技术或专业能力 · 能与团队合作 · 同事关系融洽,能合作交付成果 · 能使用公司工具、遵照公司流程及相关要求	**工作理念** · 通过员工完成工作 · 通过下属及团队取得成功 · 改变自我认知,以领导者的标准要求自己 **时间分配** · 制订年度规划(含团队预算及重点项目) · 投入团队管理及下属培养 · 做好领导工作 **领导技能** · 安排工作 · 识人用人 · 授权员工 · 辅导帮助 · 给予反馈 · 绩效管理 · 沟通协同 · 团队建设 · 营造良好氛围,提升团队安全感

图 3.2 个人贡献者和初级经理人在工作理念、时间分配及领导技能方面的核心差异

资料来源:德罗特人力资源公司,领导梯队学院版权所有

我们在第一章中提到了一项始于 2010 年的长期研究,图 3.3 就是该研究针对初级经理人的成果之一。

在担任初级经理人的最初3~6个月里,你面临的2~3个主要挑战是什么?	成为初级经理人后,你最怀念的自己还是个人贡献者时的2~3件事是什么?	成为初级经理人后,你最希望多花时间,却总没时间做的2~3件事是什么?	你发现,做好初级经理人最需要的2~3项关键技能是什么?
1. 把自己作为个人贡献者时所做的工作交出去 2. 授权员工 3. 制定目标 4. 领导原来的同事 5. 为团队确定工作重点	1. 对每件事都有很强的掌控感 2. 有自己的时间 3. 经常能获得直属领导的认可 4. 工作独立 5. 对自己的工作成果相当满意	1. 辅导培养下属 2. 团队建设 3. 给自己留点独处的时间 4. 跟下属面对面地一对一沟通,而不只是在线上 5. 关注自己的成长提升	1. 授权员工 2. 激励员工 3. 辅导员工 4. 领导异地团队 5. 管理员工的工具

图 3.3 调研综合分析:初级经理人

资料来源:领导梯队学院版权所有

工作理念

从个人贡献者到初级经理人,最难的转型升级在于学会如何通过他人完成工作。首先要改变工作理念、树立团队意识,每天要问自己:团队工作进展如何?自己该如何帮助团队提升业绩?

> 案例研究_
>
> **不想当领导的埃玛**
>
> 埃玛在一家大型物流公司的人力资源部担任招聘专员,三年来平均每天面试四五位候选人。有一天,领

导找到她,问她是否有兴趣接替自己担任团队负责人。埃玛从没想过带团队,于是问领导:"如果我接手,会发生什么改变?"

领导对她说:"一旦成为团队负责人,你的日常工作就会有所变化。过去,你的工作主要是发掘及考察候选人,比如做面试、写记录,跟不同的业务领导讨论候选人情况;今后,作为团队负责人,你还是会做些面试工作,但需要花时间辅导团队,像我以前帮助你一样,并确保每位招聘专员都能按照公司要求,遵循招聘流程,使用招聘工具。最重要的是,过去你只需要对自己的工作成果负责,今后作为团队负责人,你要为整个团队的工作成果负责。你的业绩,由团队决定。"

埃玛回答说:"听上去挺好,我也挺兴奋,但还需要好好想想究竟有哪些利弊。可以过几天答复吗?"

回家路上,埃玛思绪万千。有机会升职,对自己的职业发展及薪资待遇无疑都是好事。自己都有点迫不及待要把这个好消息跟家人及朋友分享。但转念一想,她又有很多顾虑。比如,现在就有一些同事会来请教自己,因为相比他们,自己更精通心理测评工具的使用及解读。能受到大家的认可,能有人来主动请教,当然感觉很好,但

→

> 实际上这还是占用了不少时间，影响了自己的工作。她不能确定，如果没有足够的时间进行面试，无法充分考察候选人，还能不能做好人岗匹配。此外，自己的业绩还要看团队情况，靠团队达成，这种失控也是不容回避的问题。
>
> 两天后，埃玛拒绝了这次晋升的机会。

既然不想通过他人完成工作，就要及时说不。如果工作理念还停留在"下属人数太多，会影响自己工作"的层面，即便走上领导岗位，也会倍感煎熬，往往以失败告终。从这个意义上说，埃玛能对自己、对工作想得比较清楚，及时说不，还是很明智的。

不少人在走上领导岗位前，对自己的工作理念缺乏清晰的认知。通常是干着干着才意识到这一点，才开始转型升级。

对初级经理人而言，学习如何通过他人完成工作是最为艰巨的挑战。真正做到在思想上认同、在行动上践行，绝非易事，切不可掉以轻心。

时间分配

根据我们与初级经理人的广泛交流，大家在时间分配方面有高度共识，即应该更加重视领导工作，应该投入更多时间。

那么，究竟投入多少时间才够呢？关键取决于有多少位下属。如果只有 5 位，那么通常花 1/3 的时间就够了。如果有 30 位，那么很可能需要全情投入。此外，也取决于一对一沟通的频率。这种沟通，对于知识型及研究型工作是非常必要的。

综上，领导工作究竟应投入多少时间，的确因人而异。重要的是，要对照图 3.1，根据每项工作职责及其所需时间做出估算；还要留出时间，回应下属的不时之需。尽可能在正常工作时间安排与下属的定期及不定期沟通，以免他们有心理负担，觉得找你就是在打扰你。

投入了这么多时间，究竟够不够呢？有个实用的检验标准供你参考：每位下属是否清楚该做什么，是否正在以正确的方法工作，是否觉得自己在学习成长，是否感到自己在公司有发展、有未来。如果是，投入的时间就够了。

领导技能

在初级经理人的领导技能方面，你也许会像很多人一样，觉得没什么技术难度。通常，每家企业都有简单易用的模型及工具，帮助初级经理人快速胜任，比如绩效管理及反馈辅导等。然而，尽管有这些模型及工具，甚至许多初级经理人还参加过相关技能培训，但他们仍然在苦苦挣扎。

这是为什么呢？以反馈辅导为例。反馈模型并不难学，但要真正用起来，坚持用下来，并在使用过程中做到以事实为基础，有结构、有逻辑，而且真的有帮助、有成效，相当不容易。

学，只是开始；用，才是关键。形成自己的辅导风格，在例会上、在咖啡机旁、在绩效面谈中、在项目研讨会上，有机融入反馈辅导环节，时刻关注并帮助下属成长，才是关键。

再以安排工作为例。在初级经理人培训中，安排工作很少是重点科目，似乎初级经理人天生就应具备这个能力，即便没有也很容易掌握。有的企业，组织分工的确非常明确，比如销售人员按区域分、生产人员按工序分，但并非每家企业的每个团队都有这样的便利条件。尤其是在工作强度较大、领导关心较少的场景下，比如人员缩编、组织扁平、企业合并等，一线员工会有很多负面情绪，比如觉得工作量太大、获得的认可太少、缺乏组织关怀及反馈渠道等，特别需要初级经理人在安排工作时有意识地让大家感受到自己努力工作的价值、自己工作能力的提升，以及自己的职业发展前景。

总而言之，要想获得新的能力，只知道工具和模型还不够，还需要持之以恒的刻意练习及反馈辅导，这样才能真正掌握技能，持续精进。

直面常见问题

从个人贡献者到初级经理人的转型升级很少是一帆风顺的。大多数人一路走来都会磕磕绊绊。这个过程中的常见问题有以下五个（见图3.4）。

1. 相较下属的成果及贡献，满足感更多源于自己
2. 明知该授权，却还是紧抓不放
3. 与下属竞争，证明自己更牛
4. 回避冲突，害怕做艰难对话
5. 把下属的提问视为干扰，而非辅导培养的机会

图 3.4　转型升级过程中的常见问题：初级经理人

资料来源：领导梯队学院版权所有

问题 1：相较下属的成果及贡献，满足感更多源于自己

案例研究_
有点烦的地区销售经理小张

小张在一家大型制药企业担任地区销售经理。从一线销售代表成长为地区销售经理，对职业发展及薪资提升都是好事，所以当晋升机会出现时，小张毫不犹豫地把握住了。其实，小张很喜欢做一线销售代表，既自由又自主，还不用在总部坐班，大部分时间在出差，跟形形色色的医生、院长及其他医院管理人员打交道。

作为地区销售经理，小张需要花很多时间陪访，观察

> 并辅导自己的八位下属;还要花很多时间招聘、培训新人,与其他销售经理开会沟通,做很多业绩评价、工作汇报之类的案头工作。这样的转变,让小张有点烦,因为不仅要做好多案头工作,还失去了工作的自由以及销售关单的心理满足。

如果在上任前能对初级经理人的工作职责及转型升级有所认知,小张也许能更好地做准备;如果转型升级过程中有教练辅导,尤其是帮他完成工作理念的升级,小张也许能少走些弯路,加快速度。或许,小张根本不适合当领导,及早发现,及早调整,也可以避免类似及更大的错误。

正因为小张所在的企业没有采用类似领导梯队模型的系统框架,没有明确初级经理人的工作职责,也没有梳理从个人贡献者到初级经理人的转型升级,更没有细致拆解相应的工作理念、时间分配及领导技能,上级领导在选择小张时,因缺乏评判标准,显得有点盲目;小张自己在分析晋升机会时,因缺乏必要指引,也显得有点盲目。小张的动力主要是薪资及影响力,而非对初级经理人的成功至关重要的团队意识,比如"太好了!我很想带团队,通过团队完成更多工作,做出更大贡献"。如果事前有人能深入细致地帮助小张理解成为初级经理人意味着什么,也许小张的选择会有所不同。

对于初级经理人,要做到一视同仁,既以自己的成果为荣,也以团队的成绩为傲。如果能达到这个境界,在工作理念上就完成了转型升级。

问题 2:明知该授权,却还是紧抓不放

> **案例研究_**
>
> **没有扛过疫情考验的七人团队负责人艾梅**
>
> 艾梅曾带领七人团队做出不错的业绩。疫情前,这八个人整天在同一开放空间里,围坐在两张四人大桌旁办公。那时,大家对艾梅印象很好,因为她不仅所带的团队总能达成业绩目标,还会为下属争取内部发展机会,对外输送人才。疫情期间,该团队改为居家办公。按理说,居家办公应该对该团队影响不大,但仅仅三个月后,艾梅就因为重重压力病倒了。
>
> 艾梅的直属领导贾迈勒跟艾梅及其下属分别做了深入沟通,发现艾梅的压力主要是工作导致的。艾梅的领导风格非常微操(micromanagement),不仅管得很细,而且追得很紧。下属不知道整体目标,只知道具体任务。艾梅会给每位下属同时布置几项任务,并且要求他们只要完成一

→

项就要及时汇报。与此同时，艾梅还会随时询问任务进展，通常是一想到什么就马上问。

原先大家坐在一起，这样还能凑合；疫情期间，远程工作，艾梅的领导风格显然行不通了。再加上自己的身体原因，艾梅不再担任团队负责人。现在，公司启动了混合办公模式，员工可以自行选择，每周最多居家三天。贾迈勒试图引导艾梅改变领导风格，但没有成功。思量再三，贾迈勒认为，即便在新的工作模式下，艾梅也很难胜任。

关于上述案例，有个分析视角很值得大家深思。起初接触到上述案例，是因为该公司正在应用领导梯队模型，贾迈勒请我们做个有关远程团队管理的培训。得知了艾梅的具体情况，我们告诉贾迈勒，艾梅的问题不在于远程管理；恰恰是远程管理的工作场景，让长期存在的深层问题终于有机会暴露出来。

身为初级经理人，艾梅始终没有完成必要的转型升级。她还没有树立团队意识，还没有学会通过团队完成工作。相比带领七位下属，她更喜欢亲力亲为；相比要求自己转型升级，她更在乎的是交付结果。过去，大家坐在一起，朝夕相处，还能蒙混过关；如今，在远程工作及混合模式下，她这样的凡事都紧抓不放的"微操"问题，就暴露得一览无余。

这个案例还提醒我们，在评价初级经理人的工作绩效及晋升潜力时，不仅要看结果，还要看过程，要深入了解他们究竟是在微操控制，还是领导团队。

问题 3：与下属竞争，证明自己更牛

不少初级经理人之所以被提拔，是因为他们就是团队中的尖子生，知识最渊博，专业最过硬，能力最拔尖。因此，他们总是目光如炬，敏锐过人，总能从下属的各种工作汇报及解决方案中快速发现问题，迅速堵上漏洞，不断要求修改完善。

> **案例研究_**
> ### 对团队很不满意的伊莱贾
>
> 伊莱贾在一家大型国际医疗器械企业的法务部就职，负责知识产权保护。伊莱贾不仅自己是该领域公认的专家，而且一年半前成为初级经理人，带领一支九人团队。最近三个月，伊莱贾对团队越来越不满意，认为不少人明明有能力，却没尽力，多次反馈辅导依然没有改变。伊莱贾向自己的直属领导反映了这个情况。
>
> 领导很有经验，问伊莱贾自己能否旁听几次他的团队例会，先深入观察一下；伊莱贾能否在给下属反馈前，先跟自己讨论下。征得伊莱贾同意后，领导旁听了例会。她发现，→

在团队例会上，无论讨论什么议题，伊莱贾都能秒杀下属，更广的视角、更深的洞见、更丰富的经验，无一例外全部源自伊莱贾；在跟领导讨论时，伊莱贾同样势不可当。

基于这些观察和体验，领导问伊莱贾，他总这么咄咄逼人，会不会让团队成员心理阴影面积过大，让他们陷入习得性无助，因为无论他们怎么努力，都不可能超过伊莱贾；为了证明自己的英明神武，伊莱贾总会对他们吹毛求疵，逼他们做些完全没有必要的修改完善。伊莱贾辩驳说，他这么做是为了培养下属；但领导直截了当地指出，他这么做，下属不仅没有得到成长，而且连努力的动力都被打击没了，要不然伊莱贾怎么会对团队越来越不满意呢。

随着讨论的不断深入，伊莱贾意识到了自己的认知误区：他以为领导就必须是团队中"最牛"的那个人，因此总是抓住一切机会加以证明，从而与下属陷入了一场无休无止的恶性竞争。

不是说领导不该纠正下属的错误，不该完善下属的方案，而是要明确领导这么做，究竟出于什么目的。要深刻认识到，领导的目的不应该是证明自己牛、自己对。如果自己的想法作用有限，就要抑制住自己好为人师的冲动。否则，长此以往，下属就会放弃努力。领导应该让下属对自己的工作端到端负全责；如果下属总没有机会练手，怎么提升成长呢？

问题 4：回避冲突，害怕做艰难对话

艰难对话，顾名思义，自然是艰难的，也不是大家想面对的。我们在调研中问大家，即将成为初级经理人时，最期待的是什么。最期待的各有不同，最不期待的始终如一，就是艰难对话。虽然难，但还得做。很多企业都对领导者提出了"主动处理绩效问题""不回避艰难对话""不让绩效问题升级"等要求。所有企业都得面对这个难题。

如果初级经理人是从该团队提拔起来的，这个问题就更加突出。此前是同事，现在成了上下级，怎么好意思拉下脸呢？要想突破心理障碍，还得回到问题源头，想想自己作为团队领导，为什么非得做这样的艰难对话。

追本溯源，你制定了清晰的业绩目标，执行过程中依据事实给了及时反馈，之后还制订了发展计划，并给予了持续的反馈辅导，总之你为这位下属的成长与成功做了能做的一切，但其表现始终不尽如人意。如果是这样，的确是到了直面问题的时候。不必把关注点放在"艰难"二字上，其实没人期待这样的对话会如沐春风。只要如实如是，坦诚直接就好。

以我们多年的实战经验，很多时候，这样的对话之所以艰难，是因为领导自己此前的工作确有疏漏，比如业绩目标不清晰，发现问题没有及时反馈，没有用结构化的方式方法帮助下属成长，等等。如果是这种情况，对话的确会比较艰难，很容易陷入无尽的拉锯之中。

面对艰难对话，最好的方式不是回避，而是在平常做好自己该做的功课：定好目标，及时反馈，持续辅导，以及定期根据实际表现进行绩效谈话，并使之成为你跟下属日常沟通的一部分。

问题 5：把下属的提问视为干扰，而非辅导培养的机会

很多新任初级经理人往往没有意识到亲和力的重要性。做个人贡献者时，往往用不上亲和力；做团队领导时，把亲和力当成一种技能又显得太简单。什么叫有亲和力呢？开着办公室的门，让下属有问题就来，但帮助解答时又各种不情愿，并不能真正让人感受到亲和力。亲和力更多的是一种态度，而不是技能，更多取决于领导者的工作理念和时间分配。如果他们真心认为自己该对下属负责，该为下属留出时间，亲和力就会由内及外，从言行举止等方方面面展现出来。

虽然人都渴望被需要，但新任初级经理人很容易不自觉地把下属的问题视为一种干扰，觉得侵占了自己的时间，耽误了自己的工作。毕竟还有些工作需要自己像个人贡献者一样亲力亲为。

从个人贡献者到初级经理人的转型升级，特别需要工作理念的改变，要认识到自己不再仅为自己的工作成果负责，还需要为团队的整体成果负责。自己需要团队的鼎力支持，团队也需要自己的指导帮助。下属的问题、自己的解答、彼此的沟通，既是自己本职工作的一部分，也是帮助下属成长的重要时刻。帮助下属成长、成功，对自己、对他人、对整个组织都是好事，一举三得。

细化角色差异

走上领导岗位，并不意味着只做领导工作，初级经理人还需要亲力亲为。具体岗位不同、工作性质不同、下属数量不同，在具体工作上的时间分配自然会有所不同。有的初级经理人只有三四位下属，80%的时间和精力需要投入到具体工作上；有的初级经理人则有二三十位下属，几乎没有时间像个人贡献者那样工作。不同岗位的共同之处在于，初级经理人都需要履行自己的领导职责，都需要有意识地从工作理念、时间分配及领导技能三方面入手，完成转型升级。

既然需要具体情况具体分析，下面会根据我们的客户实例，就几种典型情况分析其中的关键。

零售店长

零售企业需要区分两类领导人才，一类是总部及区域职能条线的负责人，另一类是门店店长。从工作内容，到时间分配，再到技能要求，两者差异都很大。

从工作内容上看，零售门店的员工离职率通常很高，店长需要花大量时间招聘及培训新员工；与之形成鲜明对比的是，门店运营往往有既定的流程和规范，他们在岗位设计、具体分工及安排工作方面，通常无须特别操心。

从时间分配上看，尽管门店全职及兼职员工可多达二三十人，店长还是得根据需要，像个人贡献者一样工作，比如摆放商品、整理货架、清点库存、打扫卫生，高峰时段还得兼职收银。

从技能要求上看，门店管理功在平常，琐碎的具体工作、日常的数据分析，都非常重要。从这个意义上说，周计划要比年规划重要，每天、每周、每月的经营分析要比年度的全面分析重要。此外，相比每天正常的工作时间，门店营业时间往往更长，店长需要有意识地培养一名店长助理，跟自己搭班，帮自己补位。关于绩效管理，通常是以门店为单位，看整体经营，而不是以员工为单位，看个人业绩。除了某些服装零售门店会根据个人销售额给导购提成，通常不需要制定员工个人绩效目标。

门店业绩、店长表现，对零售企业成败至关重要。如果能帮他们明确自己的主要职责、重点工作，以及在工作理念、时间分配及领导技能等方面所需的转型升级，企业也会从中受益。

产线主管

我们在帮助制造业企业落地领导梯队模型时，经常会听到这种意见，即产线主管的工作不一样，不需要纳入领导梯队。产线主管通常扎根生产一线，从工作性质到工作内容，都跟坐在办公室里的经理人有很多不同。尽管存在种种差别，产线主管也能发挥重要的领导作用，企业应予以高度重视。

产线主管有很多特殊之处。比如，他们所辖的团队员工规模可高达30~60人，是通常情况的5~10倍。再比如，产线作业需要倒班，他们必须把员工分成班组，确保每个班组都能自运转：从制订工作计划、协调安排休假、帮助新人融入，到处理内部矛盾，都能自闭环搞定。为此，产线主管需要投入足够的时间和精力，帮助员工及班组成长提升。

面对产线工人，通常不需要制定个人绩效目标及职业发展规划。产线主管需要聚焦工厂及团队整体，确保达到质量、效率及安全等具体要求。同样，关于薪酬及激励机制，企业通常也有统一标准，不太需要产线主管操心。需要产线主管特别关注的是员工所在工会及其相应要求，这对人员招募、评价及解聘等都有很大影响。通常，产线主管不再承担具体工作，大都全职做管理。然而，一旦出现紧急情况，他们也会随时投入战斗。

与门店运营一样，产线运作也有既定的流程和规范；在事的层面，不需要产线主管太操心。他们需要在人的层面多花心思，比如如何鼓舞员工士气，如何营造团队氛围等。

这是因为产线主管角色特殊，制造企业在规划领导梯队时一定要对其高度重视，将之纳入其中。

专家型领导

> **案例研究_**
>
> **角色定位有待厘清的"全球学习发展总监"**
>
> 我们曾服务一家全球大型建筑及运维公司，并与该公 →

司的首席产品官及全球学习发展总监,就组织最高四级中的领导及专家岗位进行研讨。在此过程中,大家谈到了全球学习发展部。该部门规模很小,只有一位总监及四位员工。该公司在全球有四个大区:北美、南美、欧洲及亚太,各区域也有区域学习发展总监。他们的汇报线不在总部,而在区域——向区域人力负责人汇报。

谈到这里,首席产品官问道:"全球学习发展总监究竟是专家型领导,还是初级经理人?从带团队的角度看,她有四位下属,当然是初级经理人。但从工作职责的角度看,管理四位下属不是重点,也并非难事;她最应担起的角色是专家型领导,主抓专业知识的积累、最佳实践的总结以及实践经验的萃取,并通过区域学习发展总监(即便没有直接汇报关系)做好业务赋能,帮一线提升。"

这个问题非常重要。尤其是很多总部支持职能,上述情况非常普遍。这些岗位上的领导者,不仅自己是相关领域的顶级专家,而且带领着一支小团队。有些企业比较教条,认为只能二选一,要么领导团队,要么做好专家,声称"身兼两种角色,太复杂了"。我们不这么看,因为"这就是现实,这样的厘清并没有增加复杂性,只是提升了透明度,只是让早已存在的现实情况显现了出来"。

这种情况在知识型组织中也非常普遍。通常,初级经理人只有三四位下属，能被提升也主要是因为自身专业突出。与很多新任初级经理人一样，他们也很容易忽视自己肩负的领导职责，在这方面的时间投入常常只有所需时间的1/4，因此也需要必要的转型升级。作为专家型领导，其独特之处在于，他们的确需要投入大量的时间和精力，确保专业上的与时俱进及持续领先，做好内部协同、外部联系及相关方管理等工作。在制定他们的工作职责及相应转型要求时，要充分考虑其岗位的特殊性。

项目负责人

很多大型项目型组织都有很多的项目管理培训。对于项目负责人，光有项目管理的工具和技能还不够，还需要完成领导岗位的转型升级。

项目型组织通常采取矩阵式管理，项目成员需要向自己所属的部门负责人及项目负责人双线汇报。两者之间的区别主要不在于工作理念、时间分配及领导技能，而在于相互之间职责分工的明确界定。

这个问题，很多企业都会遇到，在当今时代越来越凸显。因此，本书第十一章会进行专题讨论。

这样的具体实例，我们还可以举出很多。比细化角色差异更重要的是：此举背后共同的指导思想，即组织应当参考本章内容，在通用的工作职责及转型要求的基础上，结合具体的业务情况及岗位特点，为初级经理人提出更为明确具体的指导及要求。

第四章
中级经理人：
如何领导初级经理人

很多公司都有针对初级经理人的培训项目，但对中级经理人则关注不多。原因在于，一方面，大家错误地认为两者之间差别不大，如果能胜任初级经理人，自然也能做好中级经理人；另一方面，大家对中级经理人不那么重视，没有意识到这个领导角色对职业生涯的重大影响。相比刚被晋升为初级经理人时内心的喜悦及庆祝的渴望，走上中级经理人的岗位似乎也没在心中激起太多波澜。

其实，中级经理人责任重大，相比初级经理人，在工作理念、时间分配及领导技能方面都需要转型升级。比如，中级经理人要对选拔培养初级经理人负责，要帮助他们真正走上领导岗位，做好领导工作。如果中级经理人还停留在过去，还干着初级经理人的工作，不仅会让员工困惑，压制下属成长，还会让整个组织蒙受损失。

毕竟，企业之中，绝大部分员工都在中级经理人的领导下工作。向中级经理人汇报的初级经理人和一线员工对企业产品及服务的影响最大。如果中级经理人不能胜任岗位，整个组织的工作质量及工作效率无疑会受到极大影响，轻则折损执行力，重则成为明显的竞争劣势。

有了领导梯队模型，会很容易发现问题。自20世纪80年代以来，我们做了几十年的高管继任规划工作，从中得到了一个很有意思的发现：有些高管之所以举步维艰，最常见的原因是没有完成本该在中级经理人的岗位上完成的转型升级。如此看来，时间并不能解决一切问题；有些历史遗留问题，随着时间的推移，反而会变得越来越棘手。

明确工作职责

我们在图4.1中总结了中级经理人的主要工作职责及具体工作内容。这只是最为常见的基本要求，而不是岗位说明书；每家企业要根据自身的具体情况调整细化。为了方便你参考，本章的最后还会分析不同行业类型、不同组织架构及不同业务模式会对中级经理人的角色定位提出哪些不同的要求。

下面会按照中级经理人的工作职责逐一阐述。总之，中级经理人要让团队真正重视领导工作。

战略拆解

中级经理人需要花时间、有方法，确保自己深刻理解业务战

主要工作职责	具体工作内容
战略拆解	· 清晰说明一线工作与业务战略之间的内在联系 · 帮助一线及初级经理人深刻理解业务战略 · 布置工作，给下属必要的决策授权
培养领导	· 通过结构化方法，培养下属成长为更优秀的领导者 · 在日常互动中，辅导下属做好领导工作 · 帮助下属提升专业水平
跟进业绩	· 依据事实，评价下属的领导工作 · 依据事实，评价下属的业务目标达成情况 · 定期与下属一对一沟通，对其领导工作情况进行反馈
选拔淘汰	· 选拔领导人才时，不仅要看专业能力，还要看领导潜力 · 以发展的眼光看人，为组织的明天选人 · 对于持续不能做好领导工作的下属，要敢于淘汰
组织建设	· 根据业务战略及日常运营的需求，建设组织能力 · 建设多元化组织 · 夯实继任计划
组织协同	· 有组织意识，主动推动组织协同，为组织创造价值 · 打破部门壁垒，促进信息流动，彼此激发创意 · 促进上下游协同

图 4.1　中级经理人的主要工作职责及具体工作内容

资料来源：领导梯队学院版权所有

略，准确把握部门定位，做好战略支撑。在此基础上，进行战略拆解，明确战略落地的路径、目标达成的方法，清晰说明一线工作与业务战略之间的内在联系。这点非常重要，否则团队工作起来就像盲人摸象，会让高段位的下属，尤其是技术及业务专家非常不满。

中级经理人还要学会布置工作、定义成果以及向下授权，确保顺畅执行。要想下属及时高效地完成工作，就要在给予责任的同时，做好适当授权，做到权责对等。否则中级经理人就会成为团队发展的瓶颈。

在落地执行的过程中，再好的战略都会撞上种种挑战。撞了墙，怎么办？从高层的视角看，先停一停，转个弯，都是正常的。但从员工的视角，当看到有些事偃旗息鼓了，有些事南辕北辙了，自然会困惑不解，甚至心生质疑。对此，中级经理人既要保持向上对齐，也要做好向下沟通，确保组织运转良好。当然，要想做好这点，并不容易。

培养领导

中级经理人的直接下属是初级经理人，要学会培养领导，的确需要时间。比如，如何为他们设定切实可行的成长目标，既能持续进步，又不会操之过急；再比如，如何帮他们形成自己的领导风格，而不是逼他们学习中级经理人。当你怒火中烧，在心中质问"他们为什么不按照我的方式、方法来"时，一定要提醒自己，他们跟你不一样，他们有他们的原因，他们有他们的方法。条条大路通罗马，适合你的不一定适合他们。

培养初级经理人，还要营造良好的环境，鼓励学习，包容犯错，但不纵容失败。中级经理人要提升对手中权力的敬畏，要学会把权力用好，更多地激发辅导下属，而非贬低打击他们。很多时候，中级经理人一看到下属犯错误，就会条件反射式地批评；总批评，没肯定，久而久之会让下属灰心丧气。优秀的领导会在反馈辅导时考虑平衡，既有负面反馈，也有正面反馈；更会考虑时机，除了事后指出，也会事前提醒；还会考虑方式方法，怎么讲才能让人更容易接受，更愿意改进。

跟进业绩

中级经理人在跟进业绩时，要调整关注点。初级经理人跟进业绩时，关注的是个人贡献者的业务成果；中级经理人跟进业绩时，除了关注下属的业务成果，还需要关注下属的领导工作，比如，他们在识人用人方面的决策质量，他们跟员工做绩效面谈的频率及质量，他们在培养下属方面的努力及能力，他们与其他团队合作的意愿及成效，以及他们是否学会通过他人完成工作。

选拔淘汰

对于新任中级经理人，选拔初级经理人是个全新的课题。新任中级经理人还没掌握如何判断某人是否有领导意愿，能否激励鼓舞团队，沟通规划能力是否够强，工作理念及价值观是否到位。在初步判断的基础上，中级经理人还要创造机会，考验历练初级经理人的能力及意愿。让初级经理人担任某小团队或某项目的负责人，是两种常用方法。

在选拔的同时，中级经理人还要做好淘汰。相比淘汰不胜任的个人贡献者，淘汰初级经理人更难。通常，对于员工是否该被淘汰，标准相对清晰，判断相对明确，比如持续不能按要求交付结果，或者明显有违公司文化价值观。但对于初级经理人，就不是这样了。初级经理人没做好领导工作，有各种各样的原因。最常见的两大原因是：没履行应有的工作职责，没投入足够的时间和精力。发现问题，形成判断，做出淘汰的决策，还不算难；难的是付诸行动，这需要巨大的勇气、强大的内心和足够的自信。如果对本该淘汰的初级经理人视而不见，听之任之，不仅会从源头危害领导梯队，还会从根基上危及优秀员工。领导能力不行，谁愿意跟随呢？

组织建设

中级经理人要致力于打造多元化组织，要让组织充满活力。选人用人时，常见的错误是选跟自己关系好的、跟自己较熟悉的，比如过去的下属，而非最适合这个领导岗位的。这样做，危害极大。跟自己关系好的，就不好意思挑战自己；跟自己较熟悉的，就不容易有突破创新。一团和气就是一潭死水，这是组织建设的大忌，中级经理人要高度警惕。

组织协同

中级经理人要有组织意识，要能跳出自己部门的日常运营，从整体的角度理解业务及组织全貌，并在此基础上明确职责分工，对内厘清下属团队的工作边界，对外厘清平级部门的协同关系，有意识地打破部门壁垒，促进信息流动及上下游协同。

这种组织意识，不仅自己要有，还要帮助属下的初级经理人和一线员工建立。有效的跨部门协同能加速业务推进；优秀的中级经理人能帮助组织强化竞争优势。

要想做好，中级经理人必须真正理解自己的工作职责，升级自己的工作理念，改变自己的工作习惯，真正站在组织视角，为组织创造价值，主动提问题、提建议，积极推动上下游沟通协同。

拆解转型升级

从初级经理人到中级经理人，有什么不同？不少人认为，只是下属人数变多了。如果这么想，就大错特错了。基于这种错误认知，中级经理人很容易忽略自己在本阶段应完成的转型升级，企业也很容易忽视对中级经理人的指导和帮助。仿佛大家都默认，只要能做好初级经理人，自然就能做好中级经理人。表面上看，两者类似，但深入拆解后可知，其实相距甚远，是完全不同的两个角色。

企业必须明确区分初级经理人及中级经理人的岗位要求，必须沿着工作理念、时间分配及领导技能三要素，明确提出在中级经理人阶段需要完成的转型升级。否则，后患无穷。

图 4.2 对比初级经理人，系统梳理了中级经理人在工作理念、时间分配及领导技能三方面需要完成的转型升级。这里列示的是常见的共性要求，具体到每家企业的每个岗位，则需要具体情况具体分析，进行相应的调整和细化。

我们在第一章中提到了一项始于 2010 年的长期研究，图 4.3

就是该研究针对中级经理人的成果之一。

初级经理人

工作理念
- 通过员工完成工作
- 通过下属及团队取得成功
- 改变自我认知,以领导者的标准要求自己

时间分配
- 制订年度规划(含团队预算及重点项目)
- 投入团队管理及下属培养
- 做好领导工作

领导技能
- 安排工作
- 识人用人
- 授权员工
- 辅导帮助
- 给予反馈
- 绩效管理
- 沟通协同
- 团队建设
- 营造良好氛围,提升团队安全感

中级经理人

工作理念
- 通过领导者完成工作
- 通过上下游协同取得成功
- 敢于直面模糊性
- 坚持价值观引领

时间分配
- 制订中长期运营计划(未来两三年)
- 做好资源配置
- 做好信息输入,支撑战略制定
- 明确职责分工,对内厘清下属团队的工作边界
- 明确职责分工,对外理顺平级部门的协同关系

领导技能
- 组织设计
- 选拔领导者
- 管理相关方
- 辅导帮助领导者
- 建设多元化组织
- 提升组织敏捷性
- 打造战略核心能力

图 4.2 初级经理人和中级经理人在工作理念、时间分配及领导技能方面的核心差异

资料来源:领导梯队学院版权所有

在担任中级经理人的最初3~6个月里,你面临的2~3个主要挑战是什么?	成为中级经理人后,你最怀念的自己还是初级经理人或个人贡献者时的2~3件事是什么?	成为中级经理人后,你最希望多花时间,却总没时间做的2~3件事是什么?	你发现,做好中级经理人最需要的2~3项关键技能是什么?
1. 很难深入了解每项工作,失控感强烈 2. 还不清楚本部门的上下游及在业务中的位置及作用 3. 从告知下属,到落地一线,中间的延时及损耗严重 4. 管理相关方 5. 信任团队,授权放手	1. 亲自动手,亲身参与,完成具体工作的满足感 2. 成为所在领域的专家 3. 对工作内容及工作进展有深入细致的全面了解 4. 对时间的掌控感,比如制定完成时间,再比如选择单线程聚焦还是多任务并行,又比如选择全身心投入还是兼顾工作与家庭	1. 聚焦战略思考,而非疲于救火 2. 理解公司战略 3. 构建平级人脉,做好横向拉通 4. 制订长远规划,减少被动反应 5. 做好跨级沟通,与一线建立有效连接	1. 通过初级经理人领导团队 2. 与相关方建立联系,做好管理 3. 评估初级经理人,判断其是不是好领导 4. 赋能团队,授权决策,真正独立完成工作 5. 辅导初级经理人

图 4.3　调研综合分析:中级经理人

资料来源:领导梯队学院版权所有

工作理念

中级经理人管理的团队规模较大,从三五十人到上百人都有,最少也有 20 人。因此,他们很少承担个人贡献者的具体工作,而是以领导工作为主。

在这个阶段,中级经理人要树立"培养领导者,帮他们连接组织,促进协同"的工作理念。在所有企业中,真正的领导力培训始于中级经理人的言传身教及帮助指导,真实的组织效率取决于初级经理人之间的有效连接及密切协同。

案例研究_
停留在初级经理人角色的米格尔

米格尔在一家高端消费电子企业的研发部工作。他担任初级经理人多年，培养了许多专业过硬、业绩突出的研发高手。由于他在吸引、培养及保留技术人才方面的出色表现，一年半前他被提拔为中级经理人，三位下属都是他此前的同事。结果，这三位初级经理人都提了离职，最终两位离开了公司，一位转岗到了其他职能部门。与此同时，产品研发也没能按期完成。

这些问题，让公司研发部负责人阿恩很搓火，于是请人力做个调研。起初，阿恩认为这三位下属提出离职是因为他们都想争取晋升，提拔了米格尔让他们心存不满；但调研发现，真正的原因并非如此。在离职访谈中，两位离开公司的下属不约而同地谈到，虽然得到晋升，但米格尔还停留在初级经理人角色，还是以管理技术专家的方式管理他们，并没有把他们视为领导者，也没有培养他们的领导能力，更没有帮助他们建立推动组织协同所必需的有效连接及团队合作。

在这个案例中，走上中级经理人岗位的米格尔还抱持着初级经理人的工作理念，发挥着自己在培养技术专家方面的优势，给下属相应的反馈指导。然而，他没有认识到的是，随着自己走上新的领导岗位，自己的下属已从员工变成了初级经理人。这意味着，他要把对下属的培养重点从业务工作转到领导工作，要帮助他们成长为优秀的初级经理人；在选拔初级经理人时，也不能只看专业能力，还要考量领导潜力；在日常工作中，要给下属应有的尊重及空间，不能经常性地参加下属主持召开的小组例会，也不能过于频繁地跳过下属直接跟基层员工做一对一沟通。

综合来看，米格尔还没有完成中级经理人应有的理念升级，没有学会通过领导者（初级经理人）完成工作，没有意识培养下属成为优秀的领导者，也没有给予下属足够的空间，发展适合他们自己的领导风格及工作方法。在这个案例中，阿恩最终决定，让米格尔回到初级经理人的岗位，但这回米格尔领导的团队规模要比此前大得多。

时间分配

正如前文提到的，与初级经理人不同，中级经理人以领导工作为主。通常，初级经理人负责的团队规模不到10人，还有时间做个人贡献者的具体工作；中级经理人则不同，需要学会通过初级经理人完成工作，因此在时间分配上也要做出相应的调整。有时，除了初级经理人，还有高级专家直接向中级经理人汇报。在这种架构下，中级经理人还要为这些高级专家保驾护航，让他们尽可能少受干扰。

从人数来看，绝大多数中级经理人的直接下属通常在7人及以下。领导这么少的直接下属，还需要把时间主要投入"领导工作"上吗？如果只看下属人数，的确不需要这么多时间。然而，中级经理人还承担着横向拉通组织，推动组织协同的重任。他们需要花时间理解业务运营及组织协同，明确职责分工，对内厘清下属团队的工作边界，对外理顺平级部门的协同关系，摸清各相关方的核心诉求，做好相关方管理，还要参与推动各种各样的跨部门协同项目。此外，他们还要主动向上对齐，做好信息输入，支撑战略制定。因此，他们需要花时间理解公司战略，并在此基础上进行战略拆解，细化落地计划。

对于要在横向拉通及组织协同工作上花这么多时间，不少中级经理人觉得有点出乎意料，内心多少有些抵触。我们经常听到他们说"怎么有那么多跨部门的会要我参加""跨部门的事这么多，本部门的事、自己的工作都没时间做了""总在外面忙，都觉得自己有点不务正业了"。其实，这些都是中级经理人的职责所在，中级经理人就是没有太多时间像个人贡献者一样做具体工作。

领导技能

乍一看，中级经理人与初级经理人的技能要求似乎差不多。比如，他们都需要辅导下属，都需要做绩效评价，也都需要学会识人用人，做好团队建设。所谓领导工作，主要就是这些内容。那么，两者在技能要求上的差别究竟是什么呢？

对这个问题缺乏认识,正是新晋中级经理人容易犯的一大错误。

表 4.1 列示了中级经理人与初级经理人在领导工作上的三大不同。这种领导对象上的微妙差别经常容易被忽视。

表 4.1　中级经理人与初级经理人的领导工作的三大不同

初级经理人	中级经理人
选拔个人贡献者	选拔领导者
培养个人贡献者	培养领导者
评估个人贡献者绩效	评估领导者绩效

中级经理人的领导对象是领导者,即初级经理人。在选拔、培养及绩效评价时,如果中级经理人只把关注点放在下属的专业水平及业务工作上,忽略了初级经理人在选人育人及绩效评价方面应尽的领导职责,不仅会损害自身工作的成效,还会成为组织梯队的堵点。中级经理人需要帮助下属成为优秀的领导者,学会如何指明方向、布置工作、培养下属及评价业绩。

直面常见问题

从初级经理人到中级经理人的转型升级往往伴随着许多挑战。这个过程中的常见问题有以下五个(见图 4.4)。

1. 没有培养下属成为优秀领导者
2. 没有要求下属做好领导工作
3. 没有真正授权赋能下属
4. 没有重视横向拉通及向上对齐
5. 没有处理好两种角色并行的情况

图 4.4　转型升级过程中的常见问题：中级经理人

资料来源：领导梯队学院版权所有

问题 1： 没有培养下属成为优秀领导者

有家企业非常重视人才培养，致力于打造相应的文化导向和组织能力。其核心思想是要求各级领导者在日常工作中真正担负起培养下属的重任。

为此，该企业采取了一系列措施，比如：

- 为所有领导者提供教练培训。
- 让所有领导者参加在线培训，学习 721 法则^①、如何制定有效的成长目标等相关议题。
- 完善员工绩效及发展管理系统，方便人力部门检查并落

---

① "721 法则"由普林斯顿大学创造领导中心的摩根·迈克尔和他的两位同事在《构筑生涯发展规划》中提出。"7"是指：人类 70% 的学习成效来自自身的学习经验、工作经验、生活经验；"2"是指：人类 20% 的学习成效来自非常规培训，比如观察周围优秀的同事和导师，以他们为榜样，从他们身上学习；"1"是指：人类 10% 的学习成效来自正规培训，比如读书、公司培训等。该法则已成为很多大学和公司培训时依靠的法则。——译者注

实每位员工都要有至少一项成长目标。
- 在年度员工敬业度调查中，就员工在工作中是否觉得有成长等问题做深入调研，还在季度抽样调查中增加了员工成长问题。

几年下来，该企业的确显著提高了组织上下对学习成长的重视度，但在领导人才培养方面，尤其是一线领导，即初级经理人培养方面，还是不尽如人意。于是，该企业找到了我们。

我们在调研中对初级经理人做了访谈，部分问题如下：

- 在过去三次一对一沟通中，你的直属领导，即中级经理人，花了多少时间跟你讨论业务工作，比如业务目标、重大里程碑、技术挑战、解决问题等；花了多少时间跟你讨论领导工作，并对你进行辅导？
- 在你的成长目标中，成为优秀的领导者占多大比重？
- 在多大程度上，你被要求做好领导工作？

此外，我们还收集了初级经理人的成长目标，访谈了多位中高层领导。很快，我们发现了症结所在。

各方面的信息都指向了同一个问题：中级经理人没有培训下属，即初级经理人，成为优秀领导者；他们对下属的辅导培养还停留在专业水平及专业工作的层面。出现这个问题，通常有两个原因：一是没掌握培养领导者的能力，心有余而力不足；二是不重视培养领导者的职责，道理上知道该做，行动上却没花时间做。

问题2：没有要求下属做好领导工作

在调研中，我们问过中级经理人：对他们而言，下属成为优秀领导者有多重要？我们请他们用10分制打分，结果平均分是9.5。

与此同时，我们也问中级经理人的下属，即初级经理人："在多大程度上，你的直属领导，即中级经理人，会对你的领导工作提出明确要求？"结果平均分是5.0。

为什么对于下属能否成为优秀领导者，中级经理人明知道很重要，却没提要求呢？

这是因为不少中级经理人是从初级经理人做起来的。就像前文所述，他们虽然来到了新的领导岗位，但还在按初级经理人的方式工作，比如，对下属的要求还在专业及业务方面；再比如，评价下属绩效时还沿袭着评价员工的方法。

虽然在工作理念上，中级经理人已认识到培训下属成为优秀领导者的重要性，但在时间分配上并没有足够的投入来要求初级经理人做好领导工作，观察初级经理人领导工作的实际表现。相比显而易见的业务绩效，尤其是很多企业都有对业务结果的自动监测系统，了解下属领导工作的真实表现要困难得多。不仅要实地观察，还要能由表及里，见微知著。这些都是中级经理人必须掌握的领导技能。

问题 3：没有真正授权赋能下属

案例研究_
负责150人软件开发团队的维克

维克是软件领域的老兵，最近刚被一家大型科技公司挖走，在软件开发部门任中级经理人。该公司在软件开发方面面临的挑战很多，比如不能有效转化、不能按时交付，以及竞争烈度加剧等。

此前，维克是初级经理人，只负责一个软件应用部门，所辖团队只有14人。现在，作为中级经理人，维克要负责所有现有软件产品的开发、采购及维护工作，所辖团队有150人，其中包括12位直接下属。

作为初级经理人，维克做得相当好。他不仅接受了良好的培训，而且会根据自己360反馈的结果提升自我认知，在发挥优势的同时努力克服短板。来到新的岗位，维克立即投入大量时间，深入了解所有项目的进展及人员情况。他发现有好几个重点项目进度落后，团队经常加班却鲜有成功，员工士气相当低落；相比自己，很多直接下属还有不小的差距。

发现问题，维克果断采取了行动，定期检查项目进展，

→

重新调整工作重点及技术专家。这些都是他做初级经理人时非常有把握的工作，然而一番操作下来，虽然取得了一些成效，但还远不能让维克自己及部门领导满意。

更为雪上加霜的是，每天早上办公室门口都排着大队，直接下属及一线员工都来找他要指示、要审批，忙得维克连做部门预算及解决重大项目问题的时间都没有。

中级经理人应高度重视授权赋能下属，并在工作理念、时间分配及领导技能上予以体现。从上面的案例中可以看出，对自己的直接下属，维克不仅没有做到授权赋能，甚至还剥夺了他们履行职责的机会，比如直接给员工下指示，亲自检查项目进展，直接把下属该做的领导工作都干了。员工之所以会跳过自己的直属领导直接找维克，就是因为找自己的直属领导没用。

如果维克在走上中级经理人岗位时能得到应有的指导和帮助，那么面对同样的情况时，他会有不同的应对方式。比如，从一开始，他就会激发直接下属的主观能动性，让他们提意见、提建议。即便下属的建议有所偏颇，他也不会一棍子打死，而是请他们再想想有没有其他选择；等他们提出几个选项后，再请他们优中选精。在项目推进过程中，他会授权下属做决策，并要求他们对自己的决策负责；同时为他们创造良好环境，帮助他们提升自己的领导能力。这样一来，不仅团队有成长，他自己也节省了大量的时间。

此外，维克还会花时间观察评估下属的工作情况。他不会把他们视为个人贡献者，只看专业水平及业务工作；而是会把他们视为初级经理人，把关注重点放在其领导工作上，看看他们有没有在工作理念、时间分配及领导技能方面，完成在初级经理人阶段应有的转型升级。观察评估后，维克还会有针对性地进行反馈辅导。

对比之下，你会更加理解中级经理人与初级经理人的不同。

问题4：没有重视横向拉通及向上对齐

回看图4.3的第三列"成为中级经理人后，你最希望多花时间，却总没时间做的2~3件事是什么"，你会看到以下两条：

- 理解公司战略
- 构建平级人脉，做好横向拉通

我们见过的所有中级经理人都很忙，工作强度很大，工作时间很长。既然时间总量有限，增加空间不大，要想在某些事上多花时间，就得从另一些事上挤出时间。关键在于如何赋能下属，如何做好平衡。

有家消费电子公司，通过对1800名员工的敬业度调查发现有两项得分最低：

- 你对公司战略，是否了解？
- 你对自己工作与公司战略的内在联系，是否清楚？

与之相关的其他问题得分也很低。此外,有些员工意见很有代表性:

- "公司战略总变,一年会变好几次,似乎没什么战略。"
- "公司战略只是在纸面上,与我们日常的工作重点似乎没什么关系。"
- "公司战略究竟是什么,似乎我的领导也不太清楚。"

对此,常见的应对之道是多开全员大会,比如从每年一次到每季度一次。公司高管通常认为,更贴近一线员工,更好地解释公司战略,就能解决问题,其实不然。

后来,该公司找到我们。我们从中级经理人入手做了些访谈,发现问题就出在这一层,他们才是连接高层与基层的关键所在。

从公司战略到一线执行之间有很长的距离,特别需要中级经理人在深刻理解的基础上做好战略拆解,将抽象的战略目标转化成具体的日常工作。

在执行过程中,再好的战略也会遇到种种问题,需要快速调整,及时纠偏。这是企业在快速变化的市场环境中求生存、求发展必须具备的能力和速度。因此,中级经理人要能主动向上对齐,帮助身处业务一线的初级经理人和基层员工及时充分地理解调整变化的原因。这意味着,中级经理人必须花时间了解内外部形势,不能只顾埋头拉车。

具体到这家公司,本身规模不大,全公司只有 25 位中级经理人，但公司却没有为他们搭建相互认识、彼此交流、拉通协同的平台。有几位中级经理人的确相互认识，之前还一起开过会，但也仅限一对一的层面。

此外，这家公司并没有对中级经理人提供必要的指导和帮助。高管们对中级经理人的工作职责及岗位要求也缺乏认知，只是将其视为"大一号"的初级经理人，总是让他们深入最基层，要求他们提供各种具体信息。看到员工敬业度调查中反映出来的问题，高管们的第一反应不是充分发挥中级经理人的作用，而是自己亲自上阵，加强战略宣传贯彻。

这个案例之所以重要，是因为找到根本原因并不容易。问题貌似出在中级经理人身上，是他们没有重视做好横向拉通及向上对齐，没有做到上传下达；深挖下去才会发现，问题的根源在公司高管，是他们对中级经理人缺乏认识，是他们没有把中级经理人用好。

问题5：没有处理好两种角色并行的情况

有些企业的组织架构比较清晰，岗位角色比较单一。比如有的零售企业，店长（初级经理人）向地区经理（中级经理人）汇报，地区经理向区域经理汇报，区域经理向首席运营官汇报。制造业企业也是类似。在这种情况下，中级经理人的下属都是初级经理人，中级经理人只需专注做好一个角色。

实际情况则更为复杂，不少中级经理人面对的既有初级经理人，也有个人贡献者，这就需要他们做好两个角色：在辅导培养初级经理人时，要做好中级经理人；也许两小时后，在辅导培养个人贡献者时，又要转换角色，做好初级经理人。对中级经理人来说，两种角色的高频转换往往有些痛苦。成为中级经理人，进入新的领导角色，需要放下初级经理人时的成功经验，需要完成转型升级。这本身就是挑战。现在，还得时不时地做回初级经理人。虽然在理论上并行不悖，在现实中却很难实现无缝衔接。如果没有清晰的认知，没有高度的警惕，就很容易掉进"把所有下属看作个人贡献者"的大坑。

一旦入坑，后果不言而喻，尤其是对其属下的初级经理人。他们会发现领导给自己设定的业务目标过低，也没给应有的授权；此外，除了业务工作，领导既没有要求自己做好该做的领导工作，也没有花时间培养自己成为优秀领导者。

细化角色差异

与其他领导角色一样，中级经理人的具体角色定位也要具体情况具体分析。比如，在知识型组织中，中级经理人的直接下属通常既有初级经理人，也有业务专家（个人贡献者）。比如，在重运营的大型企业中，中级经理人群体可能由两三个职级构成。再比如，中级经理人所辖团队规模，有的较小，只有25人；有的很大，多达数百人。

尽管具体情况各不相同，但所有中级经理人都需要有意识地从工作理念、时间分配及领导技能三方面入手，完成转型升级。

高科技企业

中级经理人的直接下属既有初级经理人，也有业务专家的情况，在高科技企业中非常普遍。要特别重视业务专家，要为其保驾护航，让组织听到他们的声音，让他们的经验和才智有施展的空间。为了他们，你要做好初级经理人。

那么，如何判断自己究竟是初级经理人，还是中级经理人呢？请记住，领导梯队并非职级体系，而是基于发展阶段的角色定位。在实际工作中，不是非此即彼，而是两种角色并行。关键在于如何做好角色切换及时间分配。

在面对业务专家时，要做好初级经理人；在面对初级经理人时，要做好中级经理人。高频切换，的确不易。要时刻提醒自己，对象不同，指导培养的重点也不同。

制造业企业

在上一章中我们谈到，在有的制造业企业，大家对是否应把"产线主管"纳入领导梯队还存在争议。对此我们认为，尽管相比通常意义上的初级经理人，产线主管的工作职责比较狭窄，比如基本无须操心下属的工作安排、薪资激励、招募解聘及个人绩效目标，但他们仍然肩负着领导责任，应该被纳入领导梯队。同样的道理，制造业的中级经理人虽然也需要做些通常意义上初级经理人的工作，但基于他们肩负的更大领导责任，还是要在具体情况具体分析的基础上，对其提出中级经理人应完成工作理念、时间分配及领导技能的转型升级要求。

这里我们仅以制造业为例，其实零售、快递及共享服务行业也有类似的情况，它们都需要面对工会，面对大量按小时结算的临时用工问题。

资深中级经理人

在组织扁平化的大潮中，有些大型企业会把中级经理人群体拆成两三个层级，这么做没什么不对。每家企业都需要找到适合自己的、能有力支撑战略落地、区域覆盖及人员组织的有效方法。

其实，不对各层级领导者的工作职责及要求加以区分，反而会滋生各种问题。各层级之间如果没什么差别，就应当予以合并；如果确有显著不同，就应当赋予不同的称谓以示区别，比如有的公司会把段位更高的资深中级经理人单列出来，详见本书第十一章。

第十一章还会专门探讨同时兼任多种领导角色的场景。在这种情况下，梳理不同领导角色以及与之对应的不同职责及要求就更加重要。

这样的具体实例，我们还可以举出很多。比细化角色差异更重要的是：此举背后共同的指导思想，即组织应当参考本章内容，在通用的工作职责及转型要求的基础上，结合具体的业务情况及岗位特点，为中级经理人提出更为明确具体的指导及要求。

最后，无论什么具体要求，都要记住：中级经理人要想真正创造价值，就要学会通过优秀领导者（初级经理人）完成工作。

第五章
职能负责人：
如何领导职能部门

成为职能负责人，通常是件令人兴奋的事。这意味着，自己成了所在业务该职能条线的最高领导，开始向业务一把手（有时就是首席执行官）直接汇报，并且加入了业务核心团队，与其他职能负责人成了同僚。

很多时候，业务一把手对你负责的职能并不了解，无法给你具体的专业指导，只能根据业务战略给你方向性的指引。至于如何把业务战略指引转化为职能具体工作，是你的职责所在。与此同时，职能负责人还要把职能目前情况及行业领先水平告知业务一把手，为其做好战略决策提供有力支撑。

职能负责人的工作重点在于帮助业务构建竞争优势。无论是能力出众，还是结果超群，总之每个职能都要助力业务目标的达成、市场地位的巩固。

作为业务核心班子的一员，职能负责人要把参与制定业务战略、打造职能竞争优势作为重中之重。这与此前职能条线内部的领导工作有很大的不同。很多人都能胜任职能条线内部的领导岗位，但只有少数人能胜任职能负责人，因为在这个岗位上，仅仅善于日常运营远远不够，还需要强大的战略思考及规划能力。此外，个人的心智成熟也很重要，因为一旦成为职能负责人，原先的同事就成了下属。

考虑到大家可能有些困惑，下面先依据领导梯队模型，厘清"职能负责人"的角色定位。

厘清角色定位

我们所说的职能负责人，指的是某职能条线的最高领导，相比职能条线内部的各级领导，职能负责人的角色定位有很多不同。从工作职责上看，明确发展方向、制定职能战略及推动职能水平的持续提升，都是他们的工作；从汇报关系上看，他们向业务一把手或企业领导者汇报，与其他职能负责人平级；过去的同事，即职能条线内部的其他中级经理人，则成了他们的下属。

常见的职能部门有研发、工程、采购、制造、供应链、营销、销售、运营管理、人力、财务、法务、审计及IT（信息技术）等。由于每家企业的经营规模不同、所处行业不同、所在区域不同，具体的职能设置也会不尽相同。

而且，有的企业还会把其他一些角色及岗位称为职能负责人。有的是历史沿袭，有的是顾问建议。总之，具体如何命名，还得根据企业自身的具体情况来具体分析。

通常，中小企业的业务比较纯粹，以单一业务为主，业务一把手就是企业领导者。在这种情况下，企业通常会采取职能型组织架构（见图5.1）：一位企业领导者之下有5~10位职能负责人向其汇报。有些业务高度聚焦的大型企业，组织结构也类似。

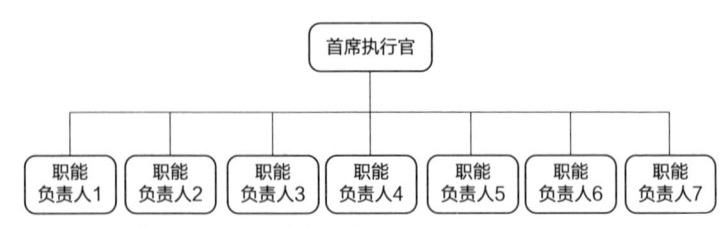

```
                    首席执行官
    ┌────┬────┬────┼────┬────┬────┐
  职能  职能  职能  职能  职能  职能  职能
 负责人1 负责人2 负责人3 负责人4 负责人5 负责人6 负责人7
```

图 5.1　常见组织架构：单业务企业

资料来源：领导梯队学院版权所有

如果有多条业务线，企业通常会采取事业部型组织架构（见图5.2）。每个业务单元都有一位业务一把手和几位该业务的职能负责人；在集团总部，还会有集团职能负责人，负责企业级的职能工作。

在这样的组织架构中，通常各业务单元的职能负责人除了向业务一把手汇报，还需要向集团职能负责人虚线汇报。比如，各业务单元的财务总监还需要虚线汇报给集团财务总监。同样是职能负责人，在业务单元与在集团也有很大区别。这一点后面还会展开深入探讨。

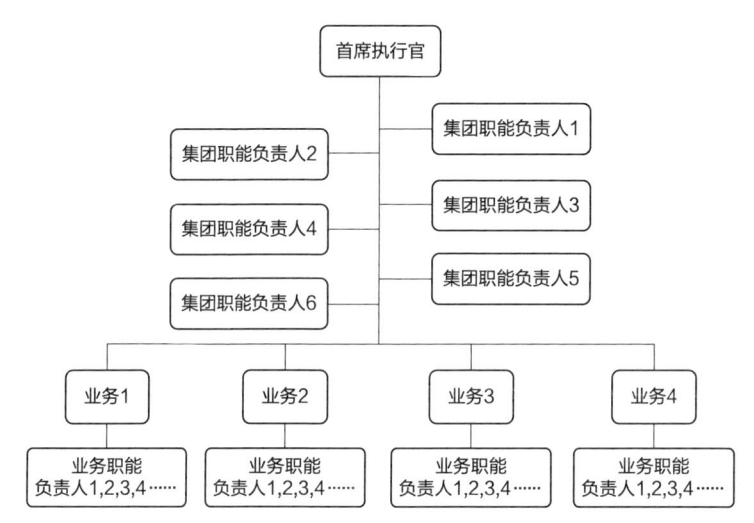

```
                    ┌──────────┐
                    │ 首席执行官 │
                    └────┬─────┘
   ┌──────────────┐      │      ┌──────────────┐
   │ 集团职能负责人2 ├──────┼──────┤ 集团职能负责人1 │
   └──────────────┘      │      └──────────────┘
   ┌──────────────┐      │      ┌──────────────┐
   │ 集团职能负责人4 ├──────┼──────┤ 集团职能负责人3 │
   └──────────────┘      │      └──────────────┘
   ┌──────────────┐      │      ┌──────────────┐
   │ 集团职能负责人6 ├──────┼──────┤ 集团职能负责人5 │
   └──────────────┘      │      └──────────────┘
           ┌─────────┬───┴──┬─────────┐
        ┌──┴──┐  ┌──┴──┐ ┌──┴──┐  ┌──┴──┐
        │业务1│  │业务2│ │业务3│  │业务4│
        └──┬──┘  └──┬──┘ └──┬──┘  └──┬──┘
      ┌────┴────┐┌──┴───┐┌──┴───┐┌───┴───┐
      │业务职能  ││业务职能││业务职能││业务职能│
      │负责人    ││负责人  ││负责人  ││负责人  │
      │1,2,3,4…││1,2,3,4…││1,2,3,4…││1,2,3,4…│
      └─────────┘└──────┘└──────┘└───────┘
```

图 5.2　常见组织架构：多业务企业

资料来源：领导梯队学院版权所有

当然，每家企业的组织架构不同，汇报线的设置也不一样，未必所有职能负责人都会向业务一把手或首席执行官直接汇报，有时两者之间还会有分管副总。比如，有些企业的首席运营官或首席财务官，除了自身职能，还分管法务、公关、采购，有时还包括人力等多个职能部门。再比如，在有些企业，连 IT 部门也向首席财务官汇报。

此外，我们所说的职能负责人，要对整个职能负责，要制定整个职能的战略规划，因此不包括职能条线内部某个细分领域的负责人，比如向财务负责人汇报的税务总监、向首席人力资源官汇报的人才发展总监、向 IT 负责人汇报的信息安全总监等。他们的角色比较特殊，既有业务专家（个人贡献者），又有领导者的成分，发展阶段通常介于初级经理人和中级经理人之间。

总之，角色定位与岗位职级是两件事。领导梯队模型聚焦的是角色定位。

明确工作职责

我们在图5.3中总结了职能负责人的主要工作职责及具体工作内容。这只是最为常见的基本要求，而不是岗位说明书；每家企业还需要根据自身的业务发展阶段、组织成熟程度及个人能力素质进行调整细化，比如具体负责哪些业绩目标的达成。

职能负责人所有工作的出发点，无论是支撑整体业务战略、作为业务核心班子汇报本职能的工作进展及能力水平，还是制定与执行职能战略、推动职能水平持续提升、搭建职能运营机制、加速职能人才发展，都必须立足于业务整体。

集团职能负责人则需要立足企业全局，尤其是要做好集团政策标准制定、集团项目统筹规划等工作。此外，集团职能负责人通常还会对各业务本职能的重点工作进行指导，比如职能战略及目标的审批、职能运营标准的制定，以及职能重要岗位的任命。在集团统一要求及业务具体需求之间，业务职能负责人要做好平衡。这个问题并不简单，处理不好，就会两头落空。

下面会按照职能负责人的工作职责逐一阐述。职能负责人要着眼业务整体成败，关注职能未来发展。

主要工作职责	具体工作内容
支撑业务取得成功	· 积极参与业务战略的制定与执行 · 深刻理解其他职能的作用与价值 · 研讨及决策时,能立足业务整体,而非单一职能
制定执行职能战略	· 制定职能战略,支撑整体业务战略 · 兼顾短期长期,打造职能竞争优势 · 执行职能战略,既要速度也要效果
推动职能持续提升	· 及时全面地设计及优化关键流程 · 营造良好氛围,鼓励突破创新 · 制定量化指标,衡量职能提升
加强职能组织建设	· 根据长短期业务需求,推进职能组织建设 · 搭建职能管理体系及跟进机制 · 构建跨职能协同机制,确保职能举措在公司快速落地
加速职能人才成长	· 在职能内部,创造本职能成长机会 · 与其他职能协同,创造跨职能成长机会 · 根据职能各层级和长短期需求,识别培养继任者
培养领导	· 通过结构化方法,培养下属成为更优秀的领导者 · 在日常互动中,辅导下属做好领导工作 · 帮助下属提升专业水平
跟进业绩	· 依据事实,评价下属的领导工作 · 依据事实,评价下属业务目标的达成情况 · 定期与下属一对一沟通,对其领导工作进行反馈
选拔淘汰	· 选拔领导人才时,不仅要看专业能力,还要看领导潜力 · 以发展的眼光看人,为组织的明天选人 · 对于持续不能做好领导工作的下属,要敢于淘汰

图 5.3 职能负责人的主要工作职责及具体工作内容

资料来源:领导梯队学院版权所有

支撑业务取得成功

要想胜任,职能负责人就必须全面深刻地理解业务模式、长期战略方向、长短期业务目标,以及其他各个职能的作用与价值。这个要求貌似显而易见、简单易行,真要实现,实则挑战巨大。职能负责人需要能跳出自己的一亩三分地,真正立足业务整体。

自己对业务究竟知道多少、理解多深,不妨问问自己以下问题:

- 有什么业务目标?
- 想要什么市场定位?
- 具体而言,业务怎么赚钱?
- 为了业务成功,本职能必须做出什么贡献?
- 从整体的角度,本职能工作会对其他职能产生什么影响?

制定执行职能战略

对职能负责人来说,制定执行职能战略是个重要的台阶。此前,职能负责人只需依据既定战略,做好落地执行及运营推动即可,现在则要思考如何支撑业务战略,如何达成业务目标;要根据业务需求,明确本职能应做的贡献和应创造的价值。此外,还要随着外部大环境的变化、职能关键人才的增减及相关突破创新的进展,与时俱进地进行战略调整。而且,战略制定只是开始,还必须做好战略执行，用结果说话。

具体怎么做呢？思考以下问题，能帮你理清思路：

- 从目前情况看，本职能对业务整体的竞争优势有什么贡献？
- 从未来发展看，本职能应对业务整体的竞争优势做出什么贡献？
- 为了打造目前及未来的竞争优势，本职能现在应该采取哪些措施？

要想胜任，职能负责人一定要开阔视野。了解行业最高水平及最佳实践，掌握在技术、运营及专业上的落地之道，对于职能的持续提升非常关键。时代大潮持续奔涌向前，不能立于潮头，就会落后挨打。如今，追踪新技术、了解新资讯，都很便捷，还能通过数字平台集思广益、毛遂自荐。职能负责人要充分利用技术条件，构建相关人脉网络，持续把握新动向，并在投入产出比合适的前提下，适时引入新技术。

推动职能持续提升

为此，职能负责人需要设计优化关键流程，并确保落地执行。有些流程通用性较强，比如作业安全、管理模式及继任规划，都需要各个业务的支持；有些流程延展性较强，比如会涉及销售的客户关系管理，会影响到制造的精益生产流程，这些都需要其他职能的配合；有些流程覆盖面很广，甚至需要全公司的通力合作。如何做好执行推动，如何做好持续跟进，并年复一年、持之以恒，是一个非常大的挑战。这个过程中通常会涉及大量培训工作。

与此同时，职能负责人还要营造良好氛围，鼓励突破创新。需要特别强调的是，创新人人有责，与职级无关。职能各级领导都要创造试错空间，包容错误与失败。既然是突破创新，就会有错误与失败。对此，职能负责人要态度明确，要沟通到位。

加强职能组织建设

对此，职能负责人需要做好组织设计及能力建设，满足长短期的业务需求。随着职能战略的有序落地，职能负责人需要思考如何补齐能力短板。这不仅仅是加人的问题，还需要系统规划，深度思考，比如哪些能力可以外包，哪些能力需要新建，哪些团队应当调整区域布局，在相关人才更加密集的地区扩大规模。这些业务决策必然涉及人员调整；如此重大且艰难的决策，职能负责人必须亲自担纲。

与此同时，职能负责人还要搭建必要的管理体系及跟进机制，构建跨职能的协同机制，确保重点举措的落地、战略及运营目标的达成，以及正确的人能在有正确的相关方参与的基础上做出正确的决策。跟进机制的正常运转，对于持续推动长周期的重点举措非常重要。否则，在今天快速变化的大环境下，职能团队很容易被眼前的种种问题牵着走，在不知不觉中消耗了所有资源，无力投资未来。

加速职能人才成长

在日常工作中，各级领导都应对人才发展负责。这里重点强调两点：一是，职能负责人作为本职能条线的最高领导，应当在文化导向上大力提倡，创造机会帮助人才加速成长；二是，所谓人才，不仅指领导人才，还有当今时代越来越稀缺的顶尖专家人才，因此在制定继任规划时，既要覆盖领导人才，也要覆盖专家人才。

培养领导

除了培养本职能的领导人才，职能负责人还要有胸襟，为组织培养人才。比如，对于新任业务一把手，大家都希望此人有跨职能的工作经验；从这个意义上说，职能负责人责无旁贷，理应为有其他职能经验的高潜领导者提供轮岗历练的机会。道理上，的确责无旁贷，但在实操中确实难度不小。对职能负责人来说，这是重要的考验。当然，这位按"业务一把手"培养的高潜，也要对得起这样难得的成长机会；有朝一日，当他真的走上业务一把手的岗位，也能以更全面的业务视野、更强大的适应能力、更快速的学习能力担起重任，不负众望。

说到培养领导人才，职能负责人一定要目光长远。如果只是为了完成当下工作，在关键岗位上用专家会更加省心省力，但这么做，显然有违领导梯队的初衷。

跟进业绩

对此，职能负责人要注意两点：一是制定职能业绩目标时，要确保职能工作对业务整体的有力支撑，不能做成两张皮；二是在跟进评价下属业绩结果时，要确保各项工作成果的全面覆盖，比如运营、财务、技术及领导工作等，不能有所偏废。最容易忽略的，往往是最重要的领导工作，比如战略拆解、指明方向、夯实共识、制定目标、布置工作、跟踪进度、培养团队，以及帮助高潜人才加速成长等。因此，职能负责人必须高度重视，必须全面跟进评价下属的领导工作。提高反馈频率，对有效落实很有帮助。

选拔淘汰

成为中级经理人，就需要学会如何选拔淘汰初级经理人；成为职能负责人，就需要学会如何选拔淘汰中级经理人。对象不同，选拔标准及考察重点也会不同。职能负责人需要重点关注两点：一是此人是否完成了初级经理人的转型升级；二是除了具体负责的细分领域，此人对整个职能是否有全面的认识和理解。

如果通过观察，对以上两点都做出了肯定的判断，职能负责人还需要问问其所辖团队中的个人贡献者，比如业务专家、技术专家及分析师等，有没有制订个人成长计划，平时有没有反馈辅导；还要问问这位中级经理人的候选人，目前的职能之中存在什么问题，应该如何改进提升。

拆解转型升级

从中级经理人到职能负责人，表面上看，似乎没什么差别；但深挖下去，其实挑战很大。比如，新任职能负责人很难指望从直属领导（业务一把手）那里获得很多指示和帮助。再比如，刚一上任，就要面对其他职能负责人对自己职能的各种要求，并且之后的要求只会越来越多。总之，"蜜月期"特别短，最多就是在第一次核心班子会上受到欢迎；接下来就得立马进入状态，面对各种现实。

上任伊始，突出的专业能力、过硬的领导能力、良好的同僚关系，都是新任职能负责人很好的加分项。为了快速融入业务核心团队，迅速搭建组织协同网络，新任职能负责人需要投入大量时间和精力，往往忽略了进入新的领导角色所需完成的转型升级。

图 5.4 对比中级经理人，系统梳理了职能负责人在工作理念、时间分配及领导技能三方面需要完成的转型升级。这里列示的是常见的共性要求，具体到每家企业的每个岗位，则需要具体情况具体分析，进行相应的调整和细化。比如，在拥有多项业务的大型集团，集团职能负责人还需要做好集团政策标准制定、集团项目统筹规划等工作。

需要补充说明的是，在有些规模较小的职能团队及企业组织，中级经理人和职能负责人这两个领导角色很可能会合二为一，这很正常。在这种情况下，相关领导者需要一步完成两个跨越，转型升级的挑战会更大。

中级经理人

工作理念
- 通过领导者完成工作
- 通过上下游协同取得成功
- 敢于直面模糊性
- 坚持价值观引领

时间分配
- 制订中长期运营计划(未来两三年)
- 做好资源配置
- 做好信息输入,支撑战略制定
- 明确职责分工,对内厘清下属团队的工作边界
- 明确职责分工,对外厘清平级部门的协同关系

领导技能
- 组织设计
- 选拔领导者
- 管理相关方
- 辅导帮助领导者
- 建设多元化组织
- 提升组织敏捷性
- 打造战略核心能力

职能负责人

工作理念
- 重视陌生领域
- 打造竞争优势
- 着眼业务整体
- 融入业务团队
- 跨职能视角思考

时间分配
- 准备及参加业务核心班子例会
- 寻找外部对标及创新灵感
- 加强职能团队建设
- 加速职能人才发展

领导技能
- 制定职能战略
- 设计职能组织
- 管理职能人才
- 制定职能关键绩效指标
- 搭建职能管理体系及运营跟进机制
- 编制及管理职能预算
- 营造良好氛围,鼓励突破创新

图 5.4 中级经理人和职能负责人在工作理念、时间分配及领导技能方面的核心差异

资料来源:领导梯队学院版权所有

我们在第一章中提到了一项始于 2010 年的长期研究，图 5.5 就是该研究针对职能负责人的成果之一。

在担任职能负责人的最初 3~6 个月里，你面临的 2~3 个主要挑战是什么？	成为职能负责人后，你最怀念的自己以前做的 2~3 件事是什么？	成为职能负责人后，你最希望多花时间，却总没时间做的 2~3 件事是什么？	你发现，做好职能负责人最需要的 2~3 项关键技能是什么？
1. 关于该做什么，该制定什么目标，全靠自己摸索 2. 对于自己负责的职能条线，直属领导不太了解 3. 对于向自己汇报的某些职能模块缺乏经验 4. 面对其他职能负责人，如何树立威信，赢得信任	1. 更加清晰明确的业务目标及工作职责 2. 一切驾轻就熟、尽在掌握的笃定感	1. 关注外部动态，获得灵感启发 2. 加深对其他职能的了解 3. 思考业务及职能战略 4. 与其他职能的战略对齐	1. 制定职能关键绩效指标，并在各级组织推动落地 2. 打造职能竞争优势 3. 理解整体业务战略 4. 理解其他职能工作 5. 组织设计

图 5.5 调研综合分析：职能负责人
资料来源：领导梯队学院版权所有

工作理念

集团职能负责人需要立足企业全局，以企业领导者的视角思考职能工作。比如，他们在制定集团政策标准及项目规划时，就必须从企业总体需求出发。

业务职能负责人需要立足业务整体，以业务一把手的视角思考职能工作。比如，在业务例会上，他们不会只为自己的职能考虑，只顾着跟其他职能拼谁优先级高，谁预算多。当然，资源总是有限的，该为自己的职能争取的，他们也会争取，但其出发点永远是业务成功。作为职能负责人，在工作理念上必须转换思路，必须跳出自己的职能，把业务或企业放在第一位。

由于职能负责人需要接触很多新事物，面对很多新问题，因此他们需要面对双重挑战：

- 学习管理新的业务领域；
- 学习接受新的资讯与想法。

如何面对这些过去不熟悉、不了解的陌生领域，对于不太成熟的职能负责人通常是巨大的挑战。这里的"成熟"指的是心智成熟度，与实际年龄无关，而与个人的自尊、自信及情绪管理，以及能否先让别人成功、是否愿意延迟满足有关。不太成熟的职能负责人很容易掉进"急于证明自己"的大坑里：对自己不知道的，他们坚决不会说"不知道"，也不愿意提问，他们必须装作知道所有问题的答案，似乎只有这样，才能证明自己的确应该被提拔。这种心态往往会适得其反，把自己变成梯队的堵点。

面对自己不懂的问题，好的做法不是遮遮掩掩，而是应该开放坦诚地向大家请教，听听大家的想法。对于新任职能负责人需要时间熟悉情况，其实下属也都理解，他们不仅愿意解答各种问题，还很愿意挺身而出，帮领导补位。客户及用户也大都愿意交流互动，分享想法。关键在于，职能负责人要主动跟大家沟通，认真听取大家的意见，并在集思广益的基础上做出自己的分析和判断。真正愿意开放学习，真正理解自己的职责所在，对职能负责人转换工作理念非常重要。

优秀的职能负责人会主动跳出自己的舒适区，花时间学习了解自己不熟悉的陌生领域；还会主动构建自己的人脉网络，主动与下属、同僚及外部各方沟通交流。一定要主动出击，不能被动等待别人来找你。

职能负责人是业务核心班子成员，要对业务整体负责，因此要学会跳出自己的职能，从业务整体出发想问题。绝大多数新任职能负责人缺乏跨职能的工作经验，对其他职能所知有限，从这个意义上说，新任职能负责人暂时还不算是真正的业务伙伴。要想拓宽视野，理解业务整体，就需要学习了解其他职能的业务成果、工作规划、竞争优势及做事方式。优秀的职能负责人在做决策、定目标的时候，都会充分考虑自身工作对其他职能的影响，会把业务的整体成功而不是本职能的荣耀放在第一位。

此外，职能负责人还要改变过去只埋头拉车、不抬头看路的工作方式。过去，有领导负责看路，自己只要关注落地执行、思考运营提效就好了；现在，自己成了职能最高领导，就得强化"战略意识"，为组织担此重任。职能负责人需要了解"竞争对手有什么举措"，思考"怎样才能超越竞争对手"，判断"技术发展将走向何方"以及自身"应该如何有效利用技术"等战略问题。这样的外部视角，这样的战略思考，对新任职能负责人来说是全新的挑战。

时间分配

职能负责人要在以前涉及不多的如下几个重点领域花些时间：

- 准备及参加业务核心班子例会；
- 寻找外部对标及创新灵感；
- 加强职能团队建设；
- 加速职能人才发展；
- 跟踪业界最高水平，洞察竞争对手优势，为职能战略做好输入；
- 加强职能人才发展，尤其是领导人才。

遗憾的是，从图5.5的第三列可以看出，职能负责人普遍认为自己应该在以下重点领域多花时间，但总是投入不够：

- 关注外部动态，获得灵感启发；
- 加深对其他职能的了解；
- 思考业务及职能战略；
- 与其他职能的战略对齐。

这样的"本该，却没有"，很值得大家警醒。下面就是一个令人惋惜的案例。

我们曾经帮一位首席信息官（CIO），针对该职能条线IT专家设计人才培养框架计划。后来有次午餐会，他告诉我们：自己干了四年，刚刚卸任；公司安排他负责新的IT项目及运营，向接替他的新任CIO汇报。公司给出的理由是：虽然IT部门在对内服务方面赢得了跨部门的好评，在项目交付上也没超时或超预算，但在突破创新上实在乏善可陈，对巩固业务市场地位、提升业务竞争优势贡献不大。

对于降级以及降级的理由，他都感到非常失望。他这才意识到："原来他们对我真正的期待是战略性的突破创新，而不是运营性的日常工作。但每次开会，大家讨论的都是 IT 运营问题；上次跟业务一把手一对一沟通时，她花了十分钟跟我讨论为什么邮件系统在她手机上运行得那么慢。"

这并非个案，其实非常普遍。很多时候，职能负责人没有及时认识到业务一把手及核心班子对自己真正的期待是什么；等到他们意识到这个问题，发现大家还没把自己视为真正的业务伙伴的时候，通常已经晚了。当然，出现这种问题，业务一把手也难辞其咎，因为他们没有从一开始就把要求提清楚。不管怎样，职能负责人还是要反躬自省，必须花时间解决这个问题。

领导技能

企业对职能负责人的综合要求非常高，比如，要能跳出自己的职能，立足业务整体思考决策；再比如，要能深刻理解其他职能，构建跨职能协同机制，确保职能举措的高效落地。新任职能负责人要想胜任，就必须快速掌握多种新技能。这些技能并不容易掌握，也不是一朝一夕能掌握的。不少职能负责人都在苦苦挣扎，有的在一个领域，有的在多个领域，下面的案例就很有代表性。

案例研究_
缺乏组织协同的"高档酒店"

一次,我们住在某大城市的某高档酒店。那天是周五,晚上办理入住的客人竟然排到了酒店门外;前台只有一个人,实在忙不过来。第二天,我们问前台服务生,她说通常周五晚上酒店入住率很低,于是市场部(位于另一个城市)针对平时不住酒店的本地客人推出了一项"甜蜜周末"的促销活动,含周五、周六两晚房间及两天早餐,旨在提振周末收入,提升酒店在当地的知名度。促销活动收效显著,周末收入增长了三倍;但长期来看,情况相当令人担忧。客户满意度极低,不仅周五晚上办理入住需要排队一小时,周六早上的早餐也排着长队,令人非常扫兴。

出现这种情况,在很大程度上是因为缺乏组织协同。关于这个促销活动,市场部并未提前跟运营部打招呼,当周末客户蜂拥而至时,就供不应求了。不仅人手不够,食材储备也不够,甚至连培根这种最基本的食材都没了。

后来,我们在这家连锁酒店的总部跟一位集团高管聊起这事,才知道原来市场部和运营部的关键绩效指标不同:市场部要增收10%,而运营部要降本5%。

各个职能，各自为战，就会出现上述案例中的情形。作为职能负责人，制定指标本身并非难事，重要的是如何做好沟通，让各个职能都能理解接受，让组织上下都能认同执行。很多职能目标的达成，往往需要全员的努力，比如安全管理、质量提升、客户续约、员工保留、敬业度提升及多元化组织等。如果各职能间缺乏沟通协同，各说各话，各干各事，就会在业务上呈现出上述案例中的自相矛盾。

举个例子。关于人才管理，人力部门可能会制定"绩优员工主动流失率不超过5%"的关键绩效指标。指标本身无可厚非，关键在于落地执行所必需的配套措施。比如，公司是否有统一的绩效评价标准和流程，以确保不同部门之间标准对齐且与业务结果保持一致。再比如，公司是否有清晰的薪酬管理指引，如果没有，很容易导致为了保留员工而支付过高薪酬的问题。降低绩优员工流失率当然好，但也要控制在合理成本范围内。

由此可见，推动职能关键绩效指标的落地执行，不仅需要确保各项配套措施到位，更需要职能负责人立足业务整体，从业务整体目标出发，与各个职能做好沟通协同，避免各职能目标之间的自相矛盾。从这个意义上说，职能负责人要想做好本职工作，就必须与其他职能建立良好关系，包括必须弥合过去的积怨，比如产研与销售之间的经典互怼：产研怪销售不会卖，销售怪产研产品不行。

职能负责人还要营造良好氛围，鼓励突破创新。比如，设立创新预算，鼓励大胆试错，关心一线创新创意，提升团队上下的心理安全感，在职能战略规划中对创新突破提出具体要求等。最重要的举措还是从自己的直接下属开始，打破过去的惯性，寻求更好的解法。

改变团队氛围是个系统工程，不能指望一时一事就能带来翻天覆地的变化。职能负责人要多管齐下，从理解人性、理解创新、提升心理安全感，到职能战略、预算编制、绩效管理、激励方案等各个方面，着力推动。

职能负责人还要提升自己的战略思考及规划能力。过去的工作主要是日常运营，以内部视角，发现问题，思考解决方案，只是在寻找解决方案时才会偶尔目光向外。成为职能负责人后，就要对职能战略负责，从一开始就要着眼于外，就要着眼长远，至少在未来三年，要以外部视角分析业务及组织现状，要以长期视角思考如何改进、创新、突破及持续增长。在战略思考的过程中，要分析大量市场数据，评价竞争对手动态，探索各种可能性，找到适合自己的竞争优势，这些都是职能负责人的基本功。对于新任职能负责人，战略思考及规划也是个不小的挑战。

直面常见问题

与初级、中级经理人一样，担任新的领导角色，新任职能负责人很容易继续依赖过去的工作理念、时间分配及领导技能，凭着惯性向前走。这是重要的警示信号，说明他们还没有意识推动自己完成转型升级。刚开始，这样也能混得过去，毕竟新任职能负责人专业能力过硬，在自己擅长的专业领域很有想法，也很有建树。但时间一长，问题就会暴露出来。比如，其思考还停留在运营层面，在如何助力业务达成战略目标、如何打造核心竞争优势等方面缺乏洞见。再比如，其关注点还停留在过去熟悉的职能领域，这会导致其他领域团队的失落、愤怒，甚至离职，长此以往，必将影响整个职能团队的凝聚力和战斗力。

要完成职能负责人的转型升级，往往伴随着许多挑战。过程中的常见问题有以下五个（见图5.6）。

1. 不能处理好与业务一把手及集团职能负责人的关系
2. 只关注本职能工作，对其他职能缺乏了解，无法有效协同
3. 只关注擅长的领域，对陌生领域鲜有问津
4. 只关注日常运营，缺乏战略思考
5. 只是维持现状，缺乏突破创新

图5.6 转型升级过程中的常见问题：职能负责人

资料来源：领导梯队学院版权所有

问题1：不能处理好与业务一把手及集团职能负责人的关系

在多业务的企业集团中，业务职能负责人往往需要向业务一把手及集团职能负责人双线汇报。与此同时，还需要兼顾业务其他职能负责人，以及集团职能各部门负责人，与大家维系良好的工作关系。

案例研究_
夹在两位领导中间的业务人力负责人简

简就职于一家大型国际银行,担任个人银行业务部门的人力条线负责人,面对自己两位领导的冲突,她处理得就非常妥帖。

该银行刚从外部招募了集团首席人力资源官,集团首席执行官希望借此好好改造集团人力,使其更好地为企业创造价值。于是,新任集团首席人力资源官开始了大刀阔斧的改革,比如改造了人才管理体系,引进了心理测评工具,调整了继任规划流程,推出了促进跨业务人才流动的新计划。有了新方案,就要抓落实。当落到个人银行业务部门时,集团首席人力资源官和业务一把手之间发生了激烈冲突。要知道,个人银行一直是全集团人才管理做得最好的业务部门,相关事宜一直是自己说了算。

两位领导起了冲突,这让简很为难。换了别人,有的可能选边站或是耍手段,有的可能回避冲突或试图息事宁人。但她没有这么做,因为她知道必须在两位领导之间做好平衡,找到双方都能接受的解决之道。首先,她选择从继任规划流程入手,因为集团新流程对个人银行业务部门

→

的现有流程影响不大，完全可以快速落地。接着，她又制订了心理测评工具在个人银行业务部门的落地计划，其中做了两个微调，一是启用时间适当延后，二是不强制现有员工进行测评。然后，她与集团人力总监就人才管理体系做了深入研讨，并达成共识，保留个人银行业务部门现有的人才管理体系，并在此基础上，汲取集团新体系的核心亮点，进行完善优化。最后，关于跨业务人才流动，简则请业务一把手出马，跟其他业务负责人沟通研讨，毕竟这项举措涉及集团各个业务部门，需要各业务部门支持，才有可能落地。

简的工作，既让集团首席人力资源官很满意，也受到了业务一把手及业务其他职能负责人的欢迎，因为简的妥帖处理为他们避免了不少无用功。

作为业务职能负责人，面对两位领导，类似的问题还会持续上演。简也是一样。

比如，六个月后，个人银行业务部门调整了业务战略。为了把握战略机会，需要快速扩充团队，个人银行业务部门的管理团队开始从集团其他业务部门挖人。但在挖人过程中没有遵循集团人力的流程要求，比如，岗位需求没有被公示，选拔过程也不够透明，于是很快，简便接到了来自集团人力总监和其他业务部门人力负责人的电话。

凭借自身过硬的专业能力,以及坚持共赢的指导思想,简再次妥帖地做了处理,并与其他业务部门的人力负责人加强了交流与沟通。

问题2: 只关注本职能工作,对其他职能缺乏了解,无法有效协同

有的时候,职能负责人没有完成应有的转型升级,反而是因为业绩优异。正所谓一白遮百丑,他们往往通过在自己擅长的某个职能领域的突出表现,掩盖了在其他重要领域的不足。这在短期内还很有欺骗性,但时间一长,各种问题就暴露出来了。

> **案例研究_**
>
> ### 严重缺乏协同意识的业务营销负责人艾亚娜
>
> BRC是一家生产颜色添加剂的企业,产品用途广泛,是某集团麾下六大业务中最小的一家子公司。此前的两年,该公司增长势头还算良好,但由于目标客群过小,收入增长乏力,急需营销发力,大力拓展新的客群。由于整个集团营销能力都不强,BRC邀请艾亚娜加盟,担任营销副总。艾亚娜曾在两家规模类似的子公司有过营销领域的管理经验,而且那两家集团的业务规模要大很多。
>
> →

艾亚娜入职后，发现自己接手了一个烂摊子：集团营销沉淀有限，很难给予有效指导；营销团队人员不足，能力水平差异很大，有些营销关键职能、关键岗还有空缺。更要命的是，由于前任把大部分精力放在跑客户拿单，总在外面，几乎不怎么参会，营销条线在业务核心班子中的存在感及信任感也都比较低。

好在艾亚娜的业界口碑不错，对她的到来，业务核心班子及集团营销团队都热烈欢迎，充满了期待。艾亚娜也的确不负众望，刚来的前两年，业绩着实亮眼。比如，她的战略分析及市场规划做得相当到位，很快就发现了新的市场机会；她的辅导培养相当见效，很快团队就学会了如何做市场及客户分析，如何进行客群细分，如何攻占目标市场；她的人才招募也相当给力，新招的商务拓展很快就突破了新的客群。这两年，由于艾亚娜的突出贡献，BRC的收入增长强劲，增速达到了两位数，即10%以上。

在业绩斐然的背后，也存在不少问题。有些其他职能负责人开始找业务一把手投诉，比如她总是单打独斗，制订营销规划时很少跟其他职能讨论商量，其他职能只能被动救火。又比如，运营在疲于奔命，质量在持续下滑，财务没时间对新客户做信用审核，人力发现艾亚娜想提拔的

→

> 两位营销新星只是专业能力强,领导力却很弱,连客户都开始抱怨账单错误及产品质量问题。
>
> 到了第三年年中,艾亚娜已经被业务核心团队彻底孤立了。收入增长依然强劲,但增收却不怎么增利,利润增速只有收入的一半。

不难看出,艾亚娜在推动收入增长方面的确很有一套,但在以下领域,她做得还很不够。

- 只看自身职能,忽略跨职能协同:关于其他职能,她在制订营销规划及推动营销工作时,没有主动与其他职能沟通,没有考虑推动收入增长需要各个职能的相互配合,比如需要运营做好产能及备货准备。对于其他职能的工作计划、面临的挑战,以及可以发挥的作用与价值,她根本没花时间学习理解。

- 只看业务能力,忽略领导力培养:关于下属成长,她的辅导主要集中在专业能力上,完全忽略了对其领导能力的培养。由于严重缺乏管理工作的经验和成绩,其下属无法获得晋升。

- 只看过去经验,忽略新公司要求:关于财务管理,她想当然地认为BRC跟之前的公司要求类似,但其实不然。

BRC 的风险管理要严谨得多，因此在客户信用审核、自动化账单处理、以销定产的生产计划调整方面都要投入更多的时间。来到 BRC，她本该主动跟财务沟通，但她不仅没有约财务，甚至当财务负责人约她时，她还没有回应。

问题 3：只关注擅长的领域，对陌生领域鲜有问津

先来看个案例。

> **案例研究_**
>
> ### 分析判断浮于表面的生产制造负责人萨克
>
> 萨克一直从事生产制造及供应链管理。前两年担任中级经理人时表现突出：不仅鼓励赋能下属大胆尝试新的生产技术，还在人才培养方面给予下属大量指导。总体而言，萨克对工作各方面都很满意，唯一遗憾的就是在新产品投产加速项目上一直没能争取到足够的预算。在这两年中，萨克所负责的业务规模翻了一番，团队也得到相应的认可与激励，最令人欣喜的是萨克也获得了提拔，担当生产制造负责人。
>
> 荣升之后，向萨克直线汇报的下属多达 8 人，分别负
>
> →

责计划、质量、采购、制造、工艺及各家工厂运营。此外，IT、人力及其他后台部门负责人也虚线向其汇报。由于萨克晋升快速，在其下属中，不少人的年纪都比萨克大。

虽然成了职能负责人，萨克知道自己此前对采购及工厂运营接触不多，了解不多，于是特意走访了两家工厂，并拜访了采购负责人，了解他们各自的工作目标、计划及预算情况。很快萨克做出了"客观"的分析判断：采购非常低效，工厂也有冗员，还有降本空间；如果抽调部分预算去支持新产品投产加速项目，对整个职能都会有益。

于是，萨克果断出手，决定砍掉采购及工厂的预算。当他宣布这个决定时，采购及工厂负责人都义愤填膺，尤其是采购负责人，听到萨克对采购低效的批评，当场辞职不干了。更出人意料的是，萨克的领导听闻此事，竟然比萨克的下属还生气。

原来，萨克的分析判断过于浮于表面，没有看到这两个工厂在维护客户关系上起到的关键作用；也没有看到采购负责人长期以来在淘汰更换低质供应商方面的不懈努力，在发掘保留优质供应商方面的卓越技能，在于与业务各相关方构建的强大网络。萨克对自己不熟悉的领域浮于表面的了解，并在此基础上做出的非常鲁莽的决策，以及想方设法抽调预算支持自己心仪项目的做法，都是非常不可取的。

职能负责人一定要一碗水端平。远近亲疏，都是不胜任的表现。新任职能负责人都会面临全新领域的挑战，既没经验，又要负责，难度的确不小。如果没有参考指导，他们很容易掉进只关注擅长的领域，对陌生领域鲜有问津的坑里。萨克就是这样：过去，作为中级经理人，主要做运营工作，主抓几个重点项目；现在，作为职能负责人，要有战略意识，要站在职能高度，通盘考虑所有项目。令人遗憾的是，萨克在这方面没人指导，也没有参考。

在咨询工作中，我们常用一个简单的"时间分配分析法"，帮助判断职能负责人有没有跑偏。新任职能负责人不妨问问自己：

- 自己在各个职能细分领域的时间分配，具体是什么情况？
- 在不同细分领域时间分配不同，具体是什么原因？是因为有紧急要务需要处理，相关负责人经验不足需要帮助，还仅仅是因为自己曾在该领域工作过，对此最熟悉、最了解？

问题 4：只关注日常运营，缺乏战略思考

如果花很多时间帮助下属解决问题，即便这些问题看似都很重要，也只能说明职能负责人还沉浸在过去的工作中。如果门口总是排着长队，会让人觉得自己很重要，但其实说明职能负责人还没做好授权。如果提出的战略非常粗浅，其实说明职能负责人还没有在战略思考上真正花时间。如果没时间跟其他职能负责人开会，其实说明职能负责人还没有把构建同僚协作关系当成自己

的职责。如果职能例会总是在讨论过去与现在，而不是未来，其实说明职能负责人还没有从目前的日常运营中跳出来，还没有做到目光向外，放眼长远。日常运营千头万绪，很容易身陷其中而不自知。职能负责人上任伊始，熟悉各方面工作的确必要，但长此以往，就成了问题。对此，组织要留心观察，予以帮助。

问题 5：只是维持现状，缺乏突破创新

这个问题通常是因为职能负责人缺乏自信，心智成熟度不够，不敢做对企业未来发展至关重要的重大决策。比如，刷新职能定位、升级职能人才、果断砍掉对业务意义不大的项目，以及面对不确定性大力推动必要的关键战略举措。

这意味着职能负责人要有勇气，敢于突破，邀请其他职能对其工作发表意见和建议；与此同时，也要敢于对其他职能提出协同需求及意见和建议，在业务战略研讨中积极参与，大力贡献。理想丰满，但现实骨感。不少职能负责人虽然拿着高薪，但却只在维持职能的日常运营。让他们心动的是职能负责人的头衔，而不是在头衔之下的责任。

如果职能负责人不能在业务核心班子中赢得信任，受到尊重，整个职能工作就会受到负面影响，很难真正创造价值。我们看到，有些职能负责人在内部斗争、日常运营及各种委员会上消耗了大量时间和精力，根本无暇思考职能运转现状如何、能否有力支撑业务、距离业界最高水平差距多大。似乎维持现状就是岁月静好、因此总想规避风险，不愿有所改变。

风险厌恶型的职能负责人面对冲突时，很难决策取舍。再加上很多创新突破在短期内也不会有明显成效，即便悄悄暂停，只要自己不说，业务方面也很难及时发现。等到发现该做的没做，也得若干年之后了。风险厌恶型的职能负责人本该从支撑业务战略、提升盈利水平以及打造竞争优势的角度，大胆停掉意义不大的现有项目，大胆推动能够制胜未来的创新突破，却贻误了战机。因为对于厌恶风险、一心求稳的职能负责人来说，按部就班、维持现状才是安全的选择。

提升心智成熟度

很多时候，心智成熟度的提升需要实践的历练，需要不断复盘，总结成功经验并吸取失败教训。职能负责人在成长的过程中，会有机会对业务全貌加深认知，对各种场面多些接触，自然也会取得些成绩，犯些错误，这些都是正常的。出了不够成熟的问题，犯了考虑不周的错误，并不可怕，通过接受反馈及指导，不断学习实践，就能有所提升。

随着干部年轻化，有些走上领导岗位的高潜，工作阅历相对有限，心智成熟度还有待提升。为了加速他们的成长，不妨通过项目组、委员会及临时任务的方式，为他们创造机会，让他们多接触些来自不同职能、不同细分领域，有着不同背景、不同技能、不同经历的同事。能与不同的人高效合作，也是很好的成长经历。在这个过程中，年轻的职能负责人不仅能加深对全新领域的理解，还能建立与其他牛人的联系，从各自不同的专业技能及工作方法中汲取新知。这对他们走出舒适圈，跳出职能茧房，拓宽视野，开阔思路，非常有帮助。

提升战略意识及思考能力则需要系统性训练。履新三到六个月后，新任职能负责人可以通过高校课程、顾问辅导及公司培训建立基础认知。最好的训练还是在干中学。新任职能负责人的领导不妨以职能实际工作中的数据、挑战及资源为基础，让其思考某个战略课题，并提出相应的解决方案。每完成一个课题，领导要给评价、给反馈。

要想帮助新任职能负责人快速形成全面认知，还可以邀请其他职能负责人对本职能工作发表意见和建议，比如哪里需要提升、哪里有协同空间等。如此一来，职能负责人就对其他职能建立了初步认知，对其他职能负责人的所思所想及所需有了初步了解。这对他们进一步拓宽跨职能视野、加深业务整体认知非常有帮助。

此外，还可以通过时间分配分析法，定期查看职能负责人的工作日程和时间安排，这样可以较为准确地判断他们是否真的进入了角色。要想胜任职能负责人这个岗位，其时间分配必将有别于以往。在安排工作时，应当提前留出时间，定期进行战略研讨、与每个职能细分领域沟通、对标研究业内外标杆、构建人脉及学习网络等工作。

随着职能负责人在各方面的成长，其心智成熟度也会提升。能体现成熟度的信号很多，我们发现"谦逊"是个与成熟度提升高度相关的重要品质。比如，较为成熟的领导者会认识到自己不是，也不可能是所有领域的专家，愿意承认别人比自己更懂业务，也愿意向别人学习；他们还会认识到，单打独斗是死路一条，要想成功必须借助团队的力量，必须做好合作协同，必须学会授权赋能，主动沟通，确保信息传递的及时与顺畅。

最后，心智成熟度提升的重要标志，就是能跳出本职能的一亩三分地，真正树立大局观。只关注本职能，忽略大局，会导致各自为战，难以形成合力。公司高层都会强调组织协同，但在实际工作中，想要推倒部门墙，往往阻力巨大。

成熟度高的职能负责人必须首先以身作则，凡事从业务整体、企业全局出发，这样才能带动组织随之改变。

第六章
业务一把手：
如何领导业务

不可否认，第一次担任业务一把手，面对随之而来的一切，很多人的第一感受是"震惊"。因为业务一把手与此前谈到的所有领导角色都不同，需要完成的转型升级也最艰难，最具戏剧性，最需要小心谨慎。不仅如此，业务一把手对业务成败也影响重大，而且所有一切都在组织内外的高度关注下，留给业务一把手学习成长的适应调整期非常短。

虽然挑战很大，但绝大多数业务一把手都乐此不疲，认为这是他们做过的最好的工作。之所以还能这么乐在其中，是因为他们既管收入又管成本，对业务结果有更强的掌控感。难怪大家对业务一把手的岗位趋之若鹜。

职能负责人需要思考产品及服务是否满足客户的需求，是否具有竞争优势。他们重点关注的是"能不能"：能不能做出这个产品？能不能卖出去？能不能吸引来想要的人才？能不能在不影响产品质量及服务体验的前提下降低成本？能不能引进新技术？能不能快速上市？能不能打赢对手，抢单成功？这些问题都非常重要，值得好好思考。如果得出的答案是"能"，那么业务一把手就要出场了。

业务一把手的核心职责，是在实现长短期盈利的同时，做好组织建设，优化资源配置。这需要全新的思考方式。职责不同，思考的问题也不同，他们重点关注的更多是"该不该"：我们该不该这么做？这样做，能盈利吗？这样调整业务模式，是必须的吗？发起这些举措，其他领域的重点项目会受到影响吗？这样的投入，能实现合理的回报吗？这样的福利，应该覆盖所有客户、供应商或员工吗？这么做，长期来看是最优解吗？"能做"并不意味着"该做"。这是业务一把手需要面对的关键决策。

厘清角色定位

关于业务一把手的概念，的确需要厘清。我们的定义非常简单，对很多企业都适用，即业务一把手要能决定收入和成本，要对利润负责，且各职能负责人都向其汇报，实线和虚线均可。在某些企业，某些产品经理也被称为业务负责人，但其实他们既管不了收入，也管不了成本；某些销售及生产负责人也被称为业务负责人，但其实他们负责的只是对业务整体经营结果影响较大的几个因素而已。判定业务一把手的关键，是既管收入又管成本，如果只对其中一部分负责，就不能算是业务一把手。

业务一把手要想做好，必须找准出发点。如果只想着"达成当期利润目标"，就容易忽略长短期平衡。在这种指导思想下做出的经营决策也会显得鼠目寸光，对支撑未来的战略举措就会投入不足。正确的出发点是"如何打造可持续盈利的组织机器"，这样才能兼顾长短期，兼顾业务发展及组织建设，才能调动整个团队的力量。

有的时候，业务一把手也是企业领导者，有时被称为首席执行官。企业领导者需要投入大量时间和精力，维系企业与大量外部相关方的良好关系，比如股东、投资人、监管机构、所属社区及其他特殊利益组织。对小公司来说，与外部相关的工作还不算多；随着企业规模越来越大，外部对企业的关注度越来越高，与之相关的工作就会倍增，这对兼任业务一把手的企业领导者挑战巨大。本章聚焦如何做好业务一把手，下一章会重点探讨如何做好企业领导者。

明确工作职责

图 6.1 总结了业务一把手的主要工作职责及具体工作内容。以下会按照业务一把手的工作职责逐一阐述。业务一把手要在实现长短期盈利的同时，做好组织建设，优化资源配置。

实现长短期盈利

一谈到盈利，大家很容易掉进单一的财务视角。一旦这么想，

主要工作职责	具体工作内容
实现长短期盈利	· 根据市场洞察，定义价值主张 · 持续降本增效，增收节支 · 做好长短期平衡
制定业务战略	· 深入分析竞争对手，识别风险与威胁 · 敏锐发掘新机会、新定位及新技术 · 鼓励创新突破，持续推动业务增长
确保组织协同	· 确保信息上传下达顺畅无阻 · 确保分工明确，责任到人；授权赋能，激活一线 · 确保各个职能围绕业务战略，协同作战，步调一致
夯实业务领导	· 与组织各级人员保持直接联系 · 明确共同目标，确保组织共识 · 选拔得力干将，搭建核心班子
塑造外部形象	· 积极参加社区活动 · 加强客户连接与黏性 · 提升行业地位及影响力
加强人才管理	· 做好各级人才的继任规划 · 制定成长目标，辅导帮助下属成长 · 为各级领导人才提供相应的领导力发展项目

图6.1 业务一把手的主要工作职责及具体工作内容

资料来源：领导梯队学院版权所有

就很容易简单粗暴地砍成本、抓收入，比如"快速降本""取消培训""大搞打折促销"。一味追求当期利润、裁掉高价值员工、骨折价促销、忽略未来领导者的培养等，长期来看，这无异于饮鸩止渴。

对于业务一把手，决定成败的关键在于学会如何兼顾长短期，打造可持续盈利的组织机器。对此，业务一把手需要花时间深入理解业务究竟如何盈利，深入理解组织究竟如何运转。一旦洞悉现状，明确提升重点，借助数字化进一步升级业务就会变得水到渠成。要想做好业务决策，你的组织认知必须精准到人，比如究竟是谁在负责，在既定的时间及质量要求下为客户提供产品及服务。看到每个人、每一步对业务整体的价值，很重要；因为仅从职能的局部角度看，有的人和事创造的价值会被严重低估。

业务一把手思考每件事、每个人，都要从业务整体出发，从兼顾长短期出发。推动数字化转型时，也要着眼业务整体，而非单一职能。

制定业务战略

如何防范落入一味追求当期利润的大坑？通过战略规划，构建大局观，思考业务该向何处去，就是行之有效的避坑指南。要想做好战略定位，就必须跳出企业、跳出当下，拓宽视野，看世界、看行业、看业务；深度洞察，看宏观、看竞争对手、看技术创新、看人才招募。常见的战略定位有：进入更多新的国家地区，成为全球化企业；通过创新及客户服务，成为行业领军企业；坚持成本领先；等等。这样的战略导向，对经营决策，尤其是投资决策，至关重要。

面对不同战略方向，业务一把手既要提升战略思考能力，更要历练战略决断能力。重大战略抉择需要有力信息支撑。鼓励业务核心班子积极参与，集思广益，是获得全方面信息及分析的有效途径。

案例研究_

集思广益后的战略调整

我们有家客户专注医疗保健服务,在当地口碑很好,可谓服务周到,质量上乘,该公司正在思考如何在当地加速增长。在一次核心班子会上,市场拓展负责人提出了相当激进的拓展计划。业务一把手以及其他团队成员听闻非常兴奋,因为如果这样的发展模式能在当地跑通,就能在全国复制。

兴奋之余,人力负责人问,能不能花一天时间做点调研。第二天,调研结果出来,大家才意识到如此激进的拓展计划需要大量人力支撑,唯有把未来四年护理专业的毕业生全部吸纳,才可能够,这的确有点不切实际。

大家一下子冷静了许多,很快做了战略调整,下调了增速目标。

确保组织协同

数字时代给了我们新的工具,数字化可以为有效的组织协同保驾护航。越来越多的数字化工具系统正在业务过程跟踪、经营决策优化、运营成本降低、创新发明探索、及时大规模沟通等方面,发挥越来越大的作用。

作为业务一把手，需要分析判断：哪些数据非常关键，哪些其实不那么重要；哪些工具系统非常管用，哪些其实性价比不高；哪些环节应大力推动自动化及人工智能技术，哪些环节应保留人工服务。毕竟，在需要帮助时，客户总是希望能找到具体的人。如何在速度、效率及客户对人工服务的需求之间做好平衡，的确是个挑战。无论什么技术，都要服从战略定位，都要为客户、股东及业务创造价值。关于这些问题，职能负责人要积极参与，主动提议。

数据分析不仅能支撑高层决策，还能赋能一线运营。比如，基于实时流量数据及既往经营分析，一线可以快速调整价格；这不会增加成本，却能提升销售额。数字化工具系统还能实现跨部门、跨层级的数据分享，帮助大家更好地分析决策。

数字化的有效应用让所有人都能受益，但关于数字化决策的重任，只能由业务一把手一个人扛。用什么，不用什么；是自建，还是外采；是先等等，还是尽快上；这些决策都事关重大。业务一把手要记住：

- 如果技术落后，不够与时俱进，就会影响人才招募及保留。对此，要密切关注；必要时，及时调整。
- 资源有限，不可能满足所有职能的所有需求，必须做出权衡取舍。这样的艰难决策，难免会让有些职能觉得有失公允。如何制定决策原则，如何沟通决策逻辑，对赢得核心班子的理解支持、确保团队的高效协同非常重要。

- 数字时代，员工面对更多的信息、更好的工具、更多的机会，他们希望拥有更多的权力。如何为他们设计灵活的职业发展路径、组织架构、工作安排及决策参与度，非常重要。
- 数字时代，透明度更高。经营决策，无论做了的，还是该做而没做的，都有可能在社交媒体上曝光。如何缜密制定沟通策略，做到不脱粉，不翻车，非常重要。
- 客户期待只会不断升级。如何持续提升，让客户满意，让客户不走，将会是个持续的挑战。
- 面对决策错误，必须及时纠偏。拖延、掩盖、凑合着来，都不是长久之计。

数字化及新技术究竟是福是祸，取决于我们的认知是否到位，我们的使用是否得当。也许，某职能负责人会对某项技术情有独钟，但业务一把手做决策时，要始终从业务整体出发，思考新技术的应用能否有力支撑业务的价值主张，更多是想"该不该"，而不是"能不能"。

夯实业务领导

对于业务一把手，不仅要夯实业务领导，还要在这个过程中做好表率。

对于每位领导，组织上下都有很多双眼睛在盯着。身为业务一把手，来自方方面面的关注度更高。比如，从核心团队到一线员工都想知道，新上任的业务一把手究竟有没有本事，能不能成事；股东及投资人都想知道，他们的投资能不能产生预期的回报；当地社区民众想知道，企业效益如何，就业机会能不能得到保障；客户及供应商也想知道，此前的合作关系能不能继续下去。职能负责人也会受到各方面的关注，但主要还是在组织内部；业务负责人就得内外兼修，面对各方都要谨言慎行。

对于业务内部事宜，无论是业务计划、项目管理，还是人员安排，业务一把手都有最终决策权。权力越大，责任越大，受到的关注甚至质疑更多。每个人都会问：

- 这位领导能成功吗？
- 业务战略会调整吗？
- 核心班子会变动吗？
- 领导此前待过的部门会有特殊待遇吗？
- 我的项目会被砍掉吗？
- 一旦大权在握，领导会变样吗？
- 文化价值观会改变吗？
- 该做的投入会做吗？
- 劳动合同能重新谈吗？

各方的问题还有很多。新任业务一把手要学会洞悉人心，预见问题，并把回答员工提问视为影响组织观念的重要机会。在正式及非正式场合，能否回答好来自员工的极有挑战的问题，毫无疑问是业务一把手走向成功的必经之路。

塑造外部形象

就像前文所述，许多外部相关方，比如客户、供应商、当地社区、政府监管，乃至竞争对手，都会关心业务发展，都会关注业务一把手的动向。无论成败还是转向，对各方都有或多或少的影响。业务战略、增长举措、区域覆盖，以及能否获得特殊扶持，都是外部相关方关心的议题。面对这些外部相关方，要有缜密的公关规划，从内容设计到活动策划，业务一把手都要亲自把关；在必要的场合，还要亲力亲为。

当今时代，企业的社会责任越来越不可忽视。树立具有社会责任感的企业形象几乎成了所有企业的必修课。在这方面翻车的企业，业绩立刻就会遭受重创。对此，业务一把手必须高度重视，规划一定要够细致，沟通一定要有说服力。

主动做好对外沟通，积极塑造企业外部形象，与客户、供应商、行业组织、社区团队、监管机构、特殊利益组织等外部相关方保持沟通互动，汲取有益资讯，推动业务发展，这些都是业务一把手的职责所在。

加强人才管理

回顾以前接触过的业务一把手，我们发现成败之间有个关键差别：成功的业务一把手都非常重视人才管理工作，而且能通过自己的亲自参与及率先垂范，把自己的重视转化成组织的共识，让大家都能积极参与继任规划、人才招募、反馈辅导、领导力发展项目等相关工作，都能认识到人才管理工作的巨大价值，都能把人才管理工作放在首要位置上。

拆解转型升级

成为业务一把手的路径很多，有的是从职能负责人晋升上来的，有的是从初中级经理人提拔上来的，当然还有其他路径。不管此前是什么岗位，要成为业务一把手，都要完成相应的转型升级。从转型升级的角度看，思考问题的方式不同只是其中一个方面。这里列示几个重要差别，提醒大家关注。

第一，要想做好业务一把手，就要充分调动、积极赋能所有职能。由于此前的工作经历通常主要是在一两个职能，再加上人对自己熟悉的领域总是倍感亲切、青睐有加，所以，真正理解认同所有职能的作用与价值，是每位业务一把手的必修课。

第二，要想做好业务一把手，就不能再像职能负责人那样把时间和精力放在解决具体问题上，而要跳出具体问题，看到各种问题的共同模式，深入问题本质，找到问题根因。所有人都对解决具体问题负责，业务一把手要推动系统性改变，让问题不再发生。

第三，要想做好业务一把手，需要密切关注外部环境，对产品、战略、市场、客户、竞争对手、监管规则等方方面面的风吹草动保持高度敏感，因为这些动态对战略及重大决策至关重要。职能负责人只需要关注相关领域的业界最高水平及技术最新进展等，而业务一把手必须拓宽视野，着眼整体。

面对各个职能负责人，要想将其打造成有凝聚力、战斗力的业务核心班子，并不容易。业务一把手要制定好共同目标，平衡好资源配置，开好班子例会，听取各方意见。图6.2系统梳理了业务一把手在工作理念、时间分配及领导技能三方面需要完成的转型升级。这里列示的是常见的共性要求，具体到每家企业的每个岗位，则需要具体情况具体分析。

业务一把手

工作理念
- 对业务长短期盈利负责
- 为股东及相关方创造价值
- 确保业务及企业的永续发展
- 做好组织建设

时间分配
- 继任规划及人才管理
- 筹备主持业务核心班子例会，参加董事会
- 制定业务战略
- 做好外联工作：客户、社区及行业

领导技能
- 制定并执行业务战略
- 设计并落地业务模式
- 凝聚各个职能，打造核心班子
- 搭建业务管理体系及运营跟进机制
- 驾驭业务复杂性
- 面对多元外部对象，做好沟通
- 设计指标体系，用好数据分析

图6.2 业务一把手所需的工作理念、时间分配及领导技能

资料来源：领导梯队学院版权所有

我们在第一章中提到了一项始于2010年的长期研究，图6.3就是该研究针对业务一把手的成果之一。

在担任业务一把手的最初3~6个月里，你面临的2~3个主要挑战是什么？	成为业务一把手后，你最怀念的自己以前做的2~3件事是什么？	成为业务一把手后，你最希望多花时间，却总没时间做的2~3件事是什么？	你发现，做好业务一把手最需要的2~3项关键技能是什么？
1. 团队：选拔正确的人，组建业务核心班子 2. 耐心：决策落地执行需要时间，要给各职能时间 3. 敬畏：面对这么多职能，这么多事项，自己需要学习的还有很多	1. 同僚之间亲密的战斗友谊（现在难以为继） 2. 跟直属领导沟通的频率及时间（现在大幅减少） 3. 一切都驾轻就熟、尽在掌握的笃定感（现在不复存在）	1. 与客户保持非正式的沟通互动 2. 没有会议的独处时间 3. 寻求外部灵感	1. 面对职能间的优先级冲突，如何做好权衡取舍 2. 如何激发动员整个组织（这比激发动员整个职能难多了） 3. 如何团结有能力、有主见、有野心的职能负责人，打造有凝聚力、有战斗力的核心班子

图6.3　调研综合分析：业务一把手

资料来源：领导梯队学院版权所有

工作理念

从职能负责人升级为业务一把手，需要跳出自己熟悉的、常年从事的单一职能的视角，对所有职能负责，对业务整体负责。学习了解其他职能听上去不难，其实这不仅需要时间、智力，还需要毅力。最难的是真正理解各个职能的作用，真正重视各个职能的价值。不能一碗水端平，对不同职能有远近亲疏，不能充分发挥整体能力，都是业务一把手的大忌。

为什么要理解、重视每个职能？因为只有这样，业务一把手才能心悦诚服地听取每位职能负责人对业务的意见和建议。

举个例子。田总刚被任命为业务一把手，此前负责生产。最近销售人员正在猛攻一家新客户，由于竞争相当激烈，销售负责人老詹找到田总，希望通过特价尽快关单。老詹说明了情况，强调了新客户的重要性、批特价的紧迫性，希望田总给予支持。上任伊始，田总对销售还了解不多，也不太清楚错过某家具体客户对业务造成的风险。按理说，听取销售负责人建议，表示同意及支持是很自然的选择。但是，田总跟老詹以前有过节，田总认为销售只在乎自己的销售佣金，根本不关心业务整体经营。于是，他否决了销售的建议，这家客户自然也就丢了。其实，在内心深处，田总不愿接受的现实是，老詹比自己更懂销售。

还有一次，一位业务一把手对我们说："我这一辈子都躲着法务和人力。现在当了业务一把手，这两个部门要向我汇报，我该怎么办？"显然，不愉快的过往至今阴霾未散。人力曾断送他一次重要的晋升机会，法务曾有一位特别僵化的负责人极为难缠。对财务、人力、法务、审计及信审等中后台职能的作用与价值，这位领导几乎一无所知，令人不禁要问：他是怎么被提拔为业务一把手的？

因为缺乏对各个职能的理解和认知，业务一把手往往会对某些职能视而不见，对某些职能的意见和建议充耳不闻，这对他们自己、对业务整体都是减分项。把支持部门用好，助益良多。比如，借助他们的各种分析与建议，可以尽早地发现问题、预警问题、解决问题。再比如，借助他们对组织的广泛接触，通常能最早发现各种异动，如销售成本问题、员工动荡及领导流失问题、已知及未知的业务风险问题等，可以帮你更全面、更及时地掌握业务动态及组织动向。

时间分配

要想成功，业务一把手在时间分配方面不能凭惯性、凭兴趣，而要理性分析，确保好钢用在刀刃上。作为职能负责人，制定职能战略、跟踪先进技术、解决日常问题都是高价值工作；但作为业务一把手，凡是该下属解决的问题，都要交出去，要把时间聚焦在事关业务整体、高度复杂的关键议题上。

比如，思考制定业务战略及相应的投资策略，就需要业务一把手投入大量时间和精力。这意味着，有些日常运营层面的具体工作必须放下，至少是部分放下。有些思考，需要独处；有些思考，需要团队共创。无论具体什么形式，都得有时间保障。在这方面，不少业务一把手在时间和精力上的投入还远远不够。

此外，业务一把手还要重视与人相关的工作。对此投入 50% 的时间，也不算稀奇。很多事，比如人才流失、默默躺平、拉帮结派等，的确需要各级领导的共同努力才能解决；但作为整个业务团队中最受瞩目的最高领导者，业务一把手的以身作则以及在重点人才管理工作方面的亲身参与，比如继任规划、绩效评估、辅导培养等，至关重要。在这方面的时间投入会随团队规模变化，通常团队人数少，所需的时间也会少。

领导技能

业务一把手面对要承担的重任，面对林林总总、方方面面各种事宜的一拥而上，尤其是其中数量众多的此前所知甚少的内容，的确会感到压力很大。业务一把手需要从业务整体视角，厘清各个环节的相互联系及整体系统的运行逻辑，并从中找到推动增长及改善运营的机会。业务一把手还需要极强的"经营意识"，确保业务的可持续发展及长短期盈利。

通常单点或单条线的学习了解相对容易，但摆在新任业务一把手面前的学习任务可谓是多维度、全方位的艰巨挑战。比如，面对各个团队、各项工作、各个流程、各类资产及各种资源，究竟如何理清错综复杂的相互联系。以投资为例，大家都知道制胜未来需要投入，然而费用在当期，收益在未来，究竟如何平衡长短期盈利？再比如，面对有限资源，如何权衡取舍各种貌似都该做的事，如何决定何时该启动，何时该放弃？以员工招聘及培养为例，新招来的员工必须培训才能上岗，选拔出的高潜必须培养，未来才能成为栋梁，这些工作都需要大量投入，然而时间和精力有限，预算资源有限，究竟该不该做，该做到什么程度？

此外，业务一把手还需要进行大量的战略思考及规划，在产品功能、价格、质量、服务及交付等要素间找到最佳组合，在成本控制、客户获取、流程改进、技术应用、设备设施及人员技能等工作中找到最佳配置。这些组合及配置，支撑了对客户的价值主张，定义了业务运营的目标和使命，明确了各级领导及员工的努力方向。明确清晰的战略规划，不仅有利于团结内部，也有助于影响外部，尤其是对客户及供应商，需要做好内外部沟通。当然，战略规划不可能一劳永逸，必须与时俱进，动态调整。比如，竞争对手绝不会坐以待毙，他们会不断伺机而动，力图改变市场环境，赢得竞争优势。在对手的攻防进退之间，对策略的调整在所难免。

面对这种超乎寻常的复杂性，单枪匹马必将败下阵来；成功的秘诀在于依靠团队，凝聚一批能在各个职能独当一面的领军人才，打造有大局观、有凝聚力的核心班子。新任业务一把手必须把班子建设当作头等大事，亲力亲为，投入时间和精力；指望不劳而获，可谓痴人说梦。尤其是要真正理解并认可每个职能的作用与价值，要是将之视为二等公民，优秀的职能负责人是不会愿意来的；即便来了，也待不长。

直面常见问题

业务一把手要完成转型升级，往往伴随着许多挑战。要想发现这些挑战，既要留心观察，又要有的放矢。有时，磕磕绊绊的征兆并不明显；而且即便自知有问题，比如无力驾驭业务的复杂性，业务一把手也不会广而告之。此时的极力掩饰，才是人之常情。

图6.4列出了业务一把手在转型升级过程中的常见问题，下面将逐一阐述。

1. 没能转换思维，还在以单一职能的局部视角管理全盘业务
2. 没能广纳英才，还没搭建起强大的业务核心班子
3. 没能把握本质，不知道业务究竟如何盈利
4. 不重视软实力，不理解企业文化的重要性
5. 不重视新技术，不思考数字技术及人工智能对业务的重大影响

图 6.4 转型升级过程中的常见问题：业务一把手

资料来源：领导梯队学院版权所有

问题 1：没能转换思维，还在以单一职能的局部视角管理全盘业务

如果某位业务一把手经常奔走在各个项目之间，忙到无暇顾及关键职责和关键人员，大概率是因为他没能转换思维，还跟过去当职能负责人时一样深陷日常工作，努力解决问题，忽略了战略思考、客户拜访、外部沟通、班子搭建等主要职责。要提醒自己，业务一把手不是职能责任人，不该凡事都冲在前面；应该着力搭建核心班子，成为所有职能负责人的坚强后盾，让他们领军作战，帮他们出谋划策，为他们保驾护航。业务一把手必须始终立足业务整体，做好权衡取舍，兼顾长短期发展，明确各项工作的优先级。

有的业务一把手喜欢"亲自下场"，通过自己的专长，比如产品或技术，推动业务发展，经常亲自坐镇重点项目，搞得相关职能负责人无所适从。这么做，往往业务一把手自己感觉良好，特别有存在感和成就感；然而，这些本不该亲力亲为的事占据了业务一把手大量的时间和精力，对其优先级更高的战略思考及组织协同工作反而只能靠边站。

业务的整体情况的确错综复杂，的确需要投入大量的时间和精力才能理清头绪，但不能因此就放弃努力，回到职能负责人的舒适圈里。不少企业领导梯队的主要堵点，就在这样的业务一把手这里。

> 案例研究_
>
> **勇于直面复杂性，敢于独立思考的加里**
>
> 加里就职于一家金融服务巨头。过去十年，他在大宗商品交易业务的各项工作中都表现出色，而且挑战越大，他越是从容。最近，该业务的负责人，即加里的直属领导，得到晋升，加里接任成为大宗商品交易业务的负责人。加里的接任，可谓是众望所归，因为该业务之所以能在全球位于前列，加里的确功不可没。
>
> 当然，前任领导也是战绩辉煌，该业务年收入高达5亿美元，经营利润率高达28%。加里本可以萧规曹随，一切按老规矩办，但他没有选择这条更为轻松的路。战略思考及规划绝不可偷懒，不能想当然。于是他开始虚心学习，主动向下属及客户请教。面对错综复杂的局面，他
>
> →

> 一分为三：战略方向、个人特长及组织能力，思路瞬间就清晰起来。
>
> 经过学习思考，他有三个发现。一是需求下滑：从市场大势看，目前行业产能过剩，传统产品价值下降，预期中的市场走势下行及产品需求下滑即将成为现实；二是区域差异：从全球分布看，北美及亚洲的业绩疲软，欧洲的涨势强劲；三是组织协同：从内部运营看，各部门、各区域的业务目标还有待拉通，人员配置还有待优化。
>
> 通过与核心班子的深入研讨，加里得出了自己的结论：鉴于市场走势及客户需求变化，既有的业务模式已难以为继。

问题 2： 没能广纳英才，还没搭建起强大的业务核心班子

对于业务一把手，搭建核心班子至关重要。光靠自己单枪匹马，的确很难从容应对、有效驾驭业务整体的方方面面，特别是此前不太熟悉、需要学习了解的众多领域。如此巨大的工作量及复杂性，真的不是一个人能搞定的。然而，有的领导还是非要把自己搞成"独行侠"，殊不知没有班子支撑就很难取得佳绩。

具体而言，这个问题会有不同表现：有的是在各职能间分远近亲疏，最常见的是对自己曾经战斗过的部门青睐有加，对其他部门相对疏远；有的是由于对某些职能缺乏认知，因而很难招到真正优秀的领军人才；有的是对职能负责人缺乏必要的鼓励及

明确的预期，以至于他们很难有效合作；有的是对能力较差的职能负责人听之任之，以至于其他有能力的职能负责人都拒绝与其合作。

如果这些问题得不到解决，核心班子之间的相互信任及精诚合作就无从谈起。核心班子的不和谐、不尊重及不合作，归根结底还是业务一把手的问题。

问题3：没能把握本质，不知道业务究竟如何盈利

有些职能负责人得到的晋升机会是在新的业务条线，于是如何快速全面地理解业务，尤其是业务如何盈利，就成了当务之急。毕竟，业务一把手要在有效利用资源的前提下，对长短期盈利负责。其实，知道盈利要求并不难，难的是找到路径方法，把盈利要求转化为具体举措。比如，生产或财务出身的业务一把手，由于不太了解营销及销售工作，往往对客户状况缺乏信心，对客户拜访有种执念，认为这才是提升盈利的关键所在。其实，从业务全链路的角度看，影响利润的因素有很多，以偏概全地执着于某个环节，不仅对销售不公平，对业务也没有益处。

要想全面理解业务，参透盈利模式，就得下功夫。从某个职能的专家，到某些职能的"小白"，再到能掌控业务整体，中间的路很长，面临的挑战很大。优秀的业务一把手敢于承认自己在某些领域是"小白"，愿意向值得信赖的专家学习，愿意授权给比自己更懂的人。遗憾的是，并非所有人都能做到这一点。出于面子，有人不愿公开承认自己不懂；相比下苦功夫学通弄懂，有人觉得蒙混过关更有诱惑力。

问题 4：不重视软实力，不理解企业文化的重要性

有些业务一把手不理解文化对业务发展的重要性，因此很不重视文化建设，几乎是能躲则躲。他们没有意识到，这是业务一把手不可推卸的重要职责。正因为认知不到位，当企业文化明明已不再适应业务要求时，他们会视而不见，或不够重视。毕竟，改变企业文化实在太费时、费心、费力。

问题 5：不重视新技术，不思考数字技术及人工智能对业务的重大影响

对于业务一把手，数字化可以是他们最忠实的朋友，也可以是他们最凶险的敌人。如果了解数字技术的发展，敢于投资技术应用，精于利用技术突破，并在战略上保持灵活性，将有可能在市场竞争中赢得优势；反之，如果对技术发展缺乏认知，对技术应用不敢投入，就有可能在竞争中陷于被动。当今时代，在技术上过于保守，一味因循守旧，不用多久就会落后挨打。

面对数字技术及人工智能的快速发展，高度重视及密切关注已成为业务一把手们的共识。他们的差别在于，面对新技术带来的机会与挑战时采取的具体应对策略。不少业务一把手都启动了渐进式的数字化转型，即在现有业务模式及流程基础上，通过数字化追踪某些数据、优化某些环节，实现降本增效。他们的盲点在于，他们自认为这么做，就算坐上了数字化的时代快车，其实

他们连门还未摸到。

与此同时,有些竞争对手正在基于数字化技术重构业务模式及流程;试图通过全链路的数据分析,重新设计产品和服务,为客户及业务创造更大价值;并力图通过数据分析,发掘新机会,推出新产品,开拓新市场。

数字化是一把手工程,企业领导者也责无旁贷。借助数字化,企业有可能实现脱胎换骨的转型升级。

下一章将聚焦企业领导者。有的业务一把手同时也是企业领导者,他们肩上的担子会更重一些。

第七章
企业领导者：
如何领导企业

成为企业领导者，担任首席执行官，无疑是很多人事业的巅峰。同事亲朋会来祝贺，媒体记者会来采访，各方会来拜会，很快日程表就会挤得满满当当。不少企业领导者上任时极为风光，全国乃至全球媒体都有报道，然而短短几年后，有些人早已黯然离场，有些人行将被扫地出门。过去五年，企业领导者离职率之高，远超大家的想象。

能干到企业领导者的，都是人中龙凤；即便是失败了的企业领导者，其中也不乏极富远见的战略大师。他们之所以栽了跟头，是因为尚未树立企业意识，尚未完成企业领导者必需的转型升级，在工作理念、时间分配及领导技能方面还有明显欠缺。

特别说明： 随着组织日趋扁平化，信息传递日渐高效，组织

> 层级相应减少，集团高管正在逐渐消失；以往集团高管承担的工作职责，正在由企业领导者承接。因此，本书新版也与时俱进，对领导梯队的典型角色做了迭代，从过去的六个典型阶段精简为现在的五个角色。关于集团高管的角色变迁，第十一章将详细阐述。

当今时代，新技术的快速发展，在各个领域催生出一大批创业企业。麻雀虽小五脏俱全，是企业就会有企业领导者。针对小企业领导者的特点及要求，本章后面会专题阐述。

企业领导者要想成功，必须做好识人用人及执行推动。尽管战略规划、愿景制定等其他技能也很重要，但执行不力及用人不当是企业领导者的死穴，一旦有失，就难以挽回。企业领导者转型升级的超高难度在于，他们必须对企业全局负责，必须面对来自内外部方方面面的相关方，比如董事会、投资人、股东、合作伙伴、当地社区、一线员工、直接下属等。大家对其一言一行不仅关注度高，而且要求也高。

大型企业通常有多条业务线，企业领导者的直接下属通常是各业务一把手及集团职能负责人。如何选拔、培养及领导业务一把手，是企业领导者的重要课题。要做出明智的选择，企业领导者就需要下探一层，花时间与业务职能负责人深入沟通，深入了解业务一把手的强项、能力、弱点及事业目标，并与业务一把手及集团职能负责人深入沟通，深入了解业务职能负责人的发展规划及提拔潜力。这些都是企业领导者的职责所在；然而，很多企业领导者对此投入的时间和精力往往少得可怜。企业领导者要为企业经营结果负全责，即便是因为某位业务一把手把事情搞砸了，其后果还得企业领导者来承担。因此，企业领导者要高度重视继任规划，在关键岗位和关键人才的选拔、培养及后备上，投入应有的时间和精力。

中型企业通常只有一条业务线，企业领导者通常就是业务一把手，其直接下属通常为业务职能负责人。这些职能负责人能否拧成一股绳，做到心往一处想，劲往一处使，是决定成败的关键。不同职能关注点不同，人才需求不同，跟踪的技术发展及对标的行业冠军也不同，放任不管就很容易各自为政。企业领导者必须通过共同的发展愿景、战略规划及业务目标，把大家凝聚起来。

在小企业中，企业领导者往往身兼数职，不仅要操心企业全局、业务发展，还要为向自己直接汇报的技术及业务专家当好初级经理人，确保这些高层次专家能达到业绩要求，接受企业文化，做好团队协同。有的小企业领导者还会在产品开发及销售推动方面投入大量时间和精力，几乎无暇顾及中长期规划、班子建设、人才培养等其他要务。这样的情况很常见。

案例研究_

搞不定当地社区的企业领导者保罗

保罗是一家小型烘焙企业的领导者。该公司有 40 名员工，两个生产车间，其中一个刚刚扩建，也兼做零售。保罗

→

有两位直接下属，分别负责生产及销售；这两位下属虽然也带团队，但很多具体工作还得亲力亲为。该公司的客户很多，主要以当地零售商为主。他们对公司产品青睐有加，总是想要多订些货。因此，保罗认为必须扩产，以满足需求。于是他从当地银行申请了一笔金额不菲的抵押贷款，付了首付，买下了附近的一个废弃小厂房。他想将之改造成公司的生产及零售中心，为客户及亲朋提供更多更好的产品。

按照当地法律，改造动工之前，需要拿到市镇两级的开工许可。不承想，住在废弃小厂房周边的当地民众竟然强烈反对。他们的理由很多，比如噪声扰民、交通拥堵、破坏社区环境、影响当地房价等。他们还举行了示威，到市议会、镇议会上表示抗议，并提交上百个问题，要求解答。

为了平息此事，保罗专门聘请了律师及公关顾问，解答民众问题，设计公关活动。结果，刚回答了这上百个问题，当地民众又提出了更多问题。两年下来，保罗前后花了50万美元，结果还是没拿到开工许可。市里在等镇里同意，镇里则站在当地民众一边。

在业务经营及职能管理方面，保罗的确能力很强，对产品及客户也很上心；但作为企业领导者，仅有这些还不够。可以看出，他对外部相关方诉求考虑得太少，对当地民众及

→

政治生态也不够敏感。然而这些都是企业领导者的必修课。

明确工作职责

作为企业领导者，要对企业经营结果负责，要对企业未来发展负责，因此想得必须更长远，视野必须更开阔。正因为企业领导者肩负的担子更重，背负的期许更高，因此他们的成败对企业影响巨大。图 7.1 总结了企业领导者的主要工作职责及具体工作内容。

主要工作职责	具体工作内容
制定企业愿景	· 确立企业级战略框架 · 定义企业使命愿景 · 夯实组织共识
确保持续盈利	· 制定盈利及投资目标 · 打造言必行、行必果的执行文化 · 在各个业务单元间做好资源配置
提升组织执行力	· 优化组织架构，支撑业务发展 · 制定标准要求，提升经营效率 · 定期召开战略执行及经营分析会
打造组织软实力	· 按需刷新企业文化，推动文化价值观入心入行 · 紧密团结内外部各相关方，做好沟通，提升参与感 · 广纳英才，打造多元化组织，创造发挥空间
拓展全球领导力	· 关注全球局势 · 拓展人脉，与相关全球领导者保持沟通 · 重视企业社会责任，做好 ESG（环境、社会和公司治理）工作

图 7.1　企业领导者的主要工作职责及具体工作内容

资料来源：领导梯队学院版权所有

当今时代，几乎容不得企业领导者有一点闪失。对于上市企业，如果三四个季度不达盈利预期，网上就会充斥着大量负面报道；对于中小企业，投资人的耐心也是非常有限的。

有的创业企业家此前工作经历不长，没有经过领导梯队各个典型角色的历练。一下子成为企业最高领导者，一下子面临诸多错综复杂、充满不确定性的全新议题，既缺乏实践经验，也缺乏心理准备，的确冲击不小，尤其是对那些此前没怎么经历过挫折与失败的年轻人。

经验多少与年纪大小并没有必然联系。这些年，信息技术、生物科技、医疗保健、个人服务等新兴领域涌现出很多创业企业，其中不乏非常年轻、非常成功的创业企业家。比如，创始人年仅24岁，就已成功创业，不仅能赢得高层次人才的加盟，还能获得资本市场的追捧。在知识型员工密集的行业，成为企业领导者的进程也被大大缩短。这意味着，肩负企业重任的年轻人必须更快地完成转型升级。

有时候，升得太快未必是好事。前面缺课太多，如果还不能有意识地快速学习，及时补课，早晚会遭遇滑铁卢，比如用人不当、班子不行、不能达成投资人及股东预期等。不打无准备之仗，缺乏经验或缺乏认知的企业领导者，对企业、对个人，都是有百害而无一利。随着组织日趋扁平化，组织层级相应减少，二三十年前普遍存在的事业群负责人正从很多企业中逐渐消失。这意味着未来的企业领导者又少了一个历练的阶段。

如果新任企业领导者是顺着领导梯队的各个典型角色一步一

个台阶走上来的,那么很多重要的理念及技能应该已经掌握;经营利润、竞争优势、员工、客户、产品、投资人、供应商及当地社区等方方面面,应该已经融入他们的日常思考。

作为企业领导者,要树立"全局意识",要认识到每个要素都很重要,不能有所偏废。如果到现在还认为客户比员工重要,利润比产品重要,是非常危险的。但说起来容易做起来难,尤其是涉及自己曾经工作、战斗过的业务及职能。

以下会按照企业领导者的工作职责,逐一阐述。企业领导者要在坚守文化价值观的前提下,确保企业的可持续发展。

制定企业愿景

要想企业基业长青,实现可持续发展,企业领导者的远见卓识、战略洞察及精准定位都很关键。此外,数字技术又带来了新的可能性,从产品到服务,从生产到购买再到交付,似乎都可以借助新技术再做一次。如何做好自我更新,让企业在数字时代立于不败之地,是企业领导者要回答的问题。

面向未来,对于企业要往何处去,竞争格局会有什么改变,盈利模式需要怎么调整,企业领导者也需要做分析,做判断。在思考过程中,要留心分析判断背后的假设;要有意识地定期复盘,看看此前的假设是否还成立,据此做出的分析判断是否还正确。在快速多变的大环境中,每家企业都要持续密切关注,随时灵活调整,绝不能固守过去的战略定位,指望一劳永逸。

所谓制定企业愿景,不是简单写几句话的事。许多公司墙上都贴着公司使命愿景，其中不乏大而空洞的口号，对日常经营指导意义不大。不信的话，可以找五十家公司的使命愿景来看看，估计会是大同小异。企业领导者要接地气，要能把企业愿景转化为明确具体的方向指引，要能展现出敢于直面艰难决策的勇气和魄力。20世纪，我们在IBM、通用电气及戴比尔斯公司身上见过这种勇气和魄力；21世纪，杜邦也有过展现。在经历了艰难决策、浴火重生之后，这些企业实现了东山再起。

作为企业领导者，面对这么多此前没有接触过的工作职责及工作内容，难免会心里打鼓。有好几位企业领导者曾私下对我们说，这是他们职业生涯中第一次对自己制定战略的能力感到不够自信。要想成功，企业领导者必须能够透过各种错综复杂，直击事物本质；必须能够挤出时间，进行深度思考；必须学会从危险中看到机会，面对不确定性做决策取舍。

确保持续盈利

上市公司非常透明，股价波动随时可见；季度业绩定期公布，随时接受投资人及分析师的考评。此外，每季度华尔街还会公布对公司收入及利润增长的预期；如果实际结果不达预期，企业及企业领导者的声誉都会受到影响。对于企业领导者来说，信誉是最重要的资产。因此，企业领导者必须重视平衡当期及长期盈利，必须投入足够的时间和精力，掌握这项技能，做好这项工作。确保收入与利润的持续增长，实现业绩预期的持续达成，是优秀企业领导者的显著特点。

这个本领不是一天可以练成的。此前每一次的转型升级，都在帮企业领导者历练如何做好权衡取舍，如何预测长期发展，如何确保未来可持续发展的前提下，调整当前具体工作。在这个过程中，他们的格局越来越大，越来越能从容应对内外部各相关方；他们的心智越来越强，越来越敢直面艰难决策。

提升组织执行力

与很多人想象的不一样，成功的企业领导者未必个个都光彩照人，未必都是极富远见的战略大师。他们之间最大的共同点是超强的执行力。说得再好，做不到，等于零；想得再明白，不决策，也等于零。这样的领导人只会让企业受损，被董事会扫地出门。

相比过去，执行力的重要性更加凸显。随着技术进步及全球化发展，几乎每个行业都变得更"卷"了。随着互联网及数字技术的普及，消费者有了更多的选择权和话语权。光靠噱头、光讲故事，已经行不通了；企业必须有一说一，说到做到。其他各级领导，即便犯错，大都也能在内部化解；然而对于企业领导者，任何疏忽都可能断送其职业生涯。

对于企业领导者，要真正做到重视执行并不容易。执行过程往往非常枯燥，工作往往比较琐碎，貌似没什么技术含量，也没什么高光时刻。企业领导者必须深刻认识到，组织执行力对企业兴衰及个人成败的决定性作用。以下问题，不妨经常问问自己：

- 作为企业领导者，我的表现如何？

要想做到好的业绩表现，企业领导者不能只看当年，只看未来四个季度。至少要多想一年，面向未来八个季度做好规划，定好目标，并从一开始就前瞻思考，提前布局，夯实业绩提升的路径和方法。

- 市场变化、业务动态，我知道吗？

高效执行需要及时、靠谱的信息支撑。企业领导者必须与客户、与一线建立直接联系，必须随时掌握市场变化及组织动态。过去，企业领导者必须亲临现场；现在，有了数字技术，有了海量数据，客户调研可以随时开展，业务情况可以远程了解。光了解情况还不够，还需要跟进落实，确保解决问题。这是企业领导者的职责所在。

- 出了问题，敢把坏消息告诉我吗？

有的公司，出了问题，有了坏消息，没人敢告诉企业领导者；有的公司，企业领导者也不愿意听坏消息，出了问题就开始为自己辩解。如此对待坏消息，就会让越来越多的问题得不到解决，日积月累，早晚会酿成大祸。等到那时再幡然醒悟，为时已晚。

- 董事会有没有发挥应有的作用？

如果董事会只是橡皮图章，只是在履行程序性义务，这对企业领导者并非好事。相反，如果董事会能对企业领导者及其领导班子严格要求，持续密切关注企业的客户反馈、市场动态、运营效率及继任规划等关键议题与数据，将有助于提升企业领导者对执行工作的重视度。

- 我的领导班子够高效、有激情吗？

如果领导班子四分五裂，各自为政，企业领导者的麻烦就大了。如果领导班子都达不成共识，都不能为共同目标努力，企业整体的经营业绩怎么可能好呢？

- 在新技术应用方面，我司怎么样？

不少公司在新技术应用方面很容易走极端：要么特别追求新奇酷炫，亦步亦趋紧跟潮流，但代价巨大；要么特别喜欢因循守旧，极其厌恶风险，不愿尝新求变。不管哪种极端，都对企业发展不利。

要想完成转型升级，企业领导者必须以提升组织执行力为导向，对自己的工作理念、时间分配及领导技能做调整。他们必须对完成既定目标、交付承诺结果有种永不满足的不懈追求；必须深刻理解业务，对企业如何盈利练就一种近乎本能的强大直觉；必须投入大量时间和精力，分析推演如何激发出组织的最大潜能；与此同时，还必须持续学习，优中选精地找出适合自身的工具与方法，并做好落地推动，持续提升组织执行力。

打造组织软实力

每家企业都是一个小社会。有人，就有合作；有合作，就有互动关系。比如，鼓励团队合作和相互支持，会让同事关系更加融洽。如何创造良好的文化，促进合作与成长，是企业领导者的重要职责。这要求企业领导者一方面要抓执行，确保达成目标，交付结果；另一方面又要注重文化，做好软实力打造，这的确很不容易。

相较以往，当今时代更需要企业领导者能有效激发团队，充分调动员工积极性，尤其是离客户最近的业务一线。面对数量众多、背景不同、诉求各异的员工，如何做好沟通与动员，是企业领导者必须高度重视、认真学习、持续打磨提升的关键软实力。要想做好，透明、坦诚、开放、愿意接受反馈，都是最基本的。

不会识人用人，企业很难健康发展。尤其是在技术日新月异、能力快速迭代的今天，不仅要找到正确的人，还要帮助他们持续学习新知，迭代技能，否则就会被时代淘汰。如果说跟踪技术趋势及选择技术应用可交由他人负责，那么人才管理，尤其是各级领导人才的选拔培养，则必须由企业领导者亲自发起推动。以下问题，不妨经常问问自己：

- 我的领导班子，怎么样？
- 关于领导人才培养，我该如何提升？
- 为吸引高层次人才，我们在哪些环节应进一步向下授权？
- 关于识人用人，我们做得怎么样？
- 关于辅导反馈，我们的标准是什么，频率是什么，够不够坦诚？
- 关于绩优人才，我们对其保留、晋升、奖励以及为其创造历练机会方面，有多重视？
- 出现人岗错配，我们及时解决的意愿有多强？

- 关于工作与生活的平衡，我们有没有足够的思考？

企业需要搭建人才管理体系，做好继任规划、人才选拔、人才招募、绩效管理、奖惩激励、员工保留以及沟通关怀等各项工作。对此，企业领导者要有明确要求。

拓展全球领导力

企业并非活在真空里，因此必须关心所处的社会环境，小到当地社区，大到整个世界。企业经营，需要各种社会资源的加持；企业发展了，也需要心系社会，回馈社会。企业要有社会责任感，要对重大社会问题保持高度敏感，比如环境问题、安全问题、健康问题、歧视问题及组织多元化等，并积极推动问题的解决。

企业领导者要了解企业经营涉及的各个相关方，无论他们的核心诉求是环境保护、社会公平，还是为某些特殊利益群体代言。很多企业领导者在这方面缺乏认知和经验，几乎没想过企业对全球变暖有什么影响，或者某场局部战争对业务有什么冲击。不少企业领导者对我们坦言，不知道该怎么跟那些特殊利益群体打交道，似乎彼此的运作方式及权力基础完全不在一个频道上。

面对全球这个更为广阔的天地，有些企业领导者多少觉得有点陌生感。想要进军全球市场，企业领导者别无选择，必须构建全球视野，必须升级自己的思考方式，必须学会尊重各地的文化价值观。

拆解转型升级

对于企业领导者，此前每个领导角色的转型升级都是重要的阶梯，每一步都是重要的成长。以前，从个人贡献者到企业领导者需要十余年的历练，还有机会拾级而上，比如从业务一把手成长为企业领导者；现在，一步登天也不是不可能，有些创业企业家在创业前不过是工程师或一线销售。鉴于第三章到第六章已系统阐述了领导梯队其他角色的转型升级，这里只针对企业领导者，梳理了其在工作理念、时间分配及领导技能三方面需要完成的转型升级，详见图 7.2。

有些企业规模较小，组织层级较少，比如只有两层、三层或四层。规模再小，组织再简单，企业领导者也需要有全局意识，也需要重视组织效能的提升。

对于身兼数职的企业领导者，比如还干着业务一把手、中级或初级经理人，转型升级最大的挑战在于时间分配，他们很容易陷入日常具体工作，忽略面向未来的思考与规划。不思考未来，就没有未来。企业领导者必须抽出时间，密切关注外部动向，思考演进趋势。没有这样的视野和格局，长期规划就无从谈起。

对于兼任某职能负责人的企业领导者，改变过去的时间分配也很重要。制胜未来的企业愿景与单一职能的发展战略还是不同的。必须拓展思考的维度，跳出单一职能视角，真正从企业全局出发。

对于兼任业务一把手的企业领导者，特别需要在维护外部相关方关系、构建外部人脉上花时间。企业要想基业长青，必须承担社会责任，必须回答企业为"什么"存在的根本问题。使命愿景是企业领导者的必答题，与业务战略不在一个层面上。

企业领导者

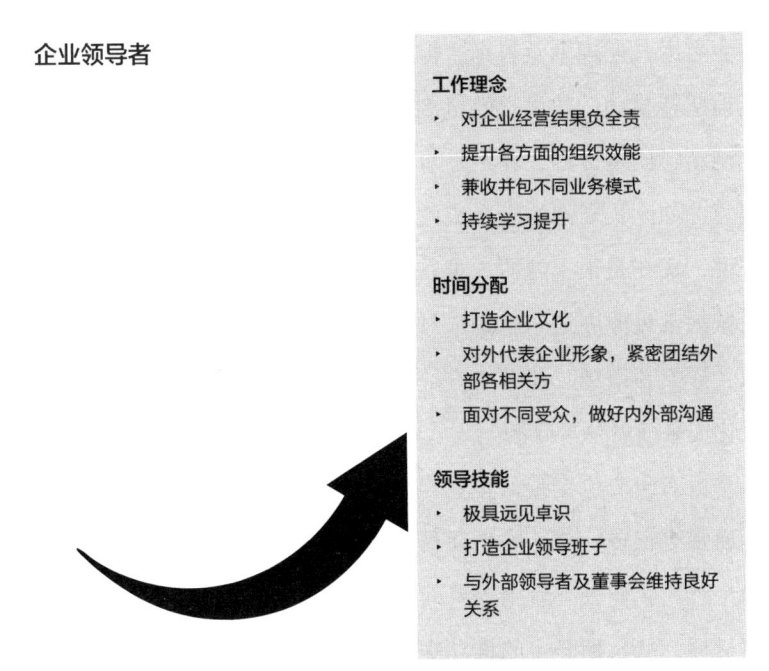

工作理念
- 对企业经营结果负全责
- 提升各方面的组织效能
- 兼收并包不同业务模式
- 持续学习提升

时间分配
- 打造企业文化
- 对外代表企业形象，紧密团结外部各相关方
- 面对不同受众，做好内外部沟通

领导技能
- 极具远见卓识
- 打造企业领导班子
- 与外部领导者及董事会维持良好关系

图7.2 企业领导者所需的工作理念、时间分配及领导技能

资料来源：领导梯队学院版权所有

工作理念

企业领导者肩负的责任重大，面对的挑战众多，因此在工作理念上必须完成相应的转型升级。这个阶段的转型升级与此前的各个领导角色有显著差别。前面已经提到一些工作理念的改变，本节将聚焦最重要的三个方面。

第一，要有长期耐心。

此前各个角色的领导者也要对结果负责，但这些结果通常是短期的、可衡量的、常规性的经营业绩，比如当年或未来三年的收入目标。随着职级的提升、所辖团队及业务规模的扩大，他们也会考虑长期规划及目标，但往往缺乏耐心，很难做到数年如一日地坚持推动，建设长效机制，真正在组织落地生根。比如，文化刷新、质量提升，就不是短期能搞定的事。如此长周期的持续努力，如此长周期的未来成效，对于持续追逐短期业绩的领导者来说，实在是很不习惯，难以接受。其实，不少企业领导者败走麦城的常见原因之一就是：对长周期的战略举措，比如引进新技术、探索新市场，缺乏耐心，常常在还没来得及全面落地、形成量化成果前就草草收场。

更有耐心也会帮助企业领导者更好地聚焦。业务一把手的目标通常有很多，并从一项项目标达成的过程中获得一次次制胜的满足感。企业领导者则需要改变心智模式，聚焦三四个重要的长期目标，从长期坚定的推动中、从缓慢却坚实的进步中获得满足感。比如，改变企业品牌形象就需要好多年的持之以恒。因此，延迟满足对企业领导者至关重要。他们深知罗马不是一天建成的，既然志存高远，就要脚踏实地，长期坚持。中国人讲的"道阻且长，行则将至；行而不辍，未来可期"，也是同样的道理。

与此同时，企业领导者也必须交付短期结果，每季度达成业绩预期。两者貌似矛盾，其实并行不悖，关键在于要分清两类工作。短期结果，要速度；长期举措，要耐心。要想成功，企业领导者必须做好长短期平衡，必须交付长短期结果。

第二，要善用董事会。

对董事会的态度，是企业领导者很容易出问题的环节。尤其是那些曾在多业务大集团中独立管过业务线的业务一把手，他们习惯了自己说了算，对董事会通常会有点抵触情绪。当然，以前遇事，他们也会跟同僚、教练或领导商量，但董事会很不一样。有时，由于对企业情况缺乏深入了解，董事会的建议会显得有点浮于表面；有时，不同董事对同一议题会有不同意见。这些情况很容易让企业领导者对董事会灰心失望，更加不愿意听取董事会的意见了。

通过多年的观察，我们发现，凡是能对董事会保持开放态度，愿意向董事会学习，善于把董事会用好的企业领导者，最终都能在关键决策时受益匪浅。如果是因为董事会不了解情况，影响了其充分发挥作用，企业领导者要做好解释工作，帮助董事会及时了解企业经营状况。

第三，要重视提问及倾听。

卓越的企业领导者都有超强的提问及倾听能力，在与背景各异的不同对象互动沟通时都能从中受益。这一点非常反直觉。人性渴望权力；一朝权在手，更渴望维护权威。很多人之所以能一路向上，很大程度上受益于自己雷厉风行的领导风格、驾驭权力的强势手腕。

要想成功，企业领导者必须克制自己的权力欲望，在工作中慎用自己的岗位权力。最高领导有最高权力，企业领导者总用权力压人，会严重抑制团队的活力及创造力，会让整个组织死气沉沉，各种不满暗流涌动。企业领导者应该换种方式，用共同的目标愿景团结人、激发人。毕竟，众人拾柴火焰高。

有些企业领导者自视甚高，总觉得自己比其他所有人想得更清楚，说得更明白。因此，他们很少提问，很少倾听，总是滔滔不绝。对于不同见解，他们也会无情批驳。绝大部分新任企业领导者都不会特别刚愎自用、独断专行，但在提问及倾听方面，尤其是听取不同意见方面，做得还很不够。兼听则明的道理都懂，但太多时候，他们只跟个别人商量，忽略了团队，忽略了董事会。

时间分配

既然要对企业全局负全责，企业领导者的时间分配也应从企业全局出发。

企业领导者要高度重视企业文化。当今时代，企业文化正越来越成为凝聚组织共识、汇聚团队合力的重要手段。如何定义文化内涵，如何做好文化宣贯，如何规范个人行为，如何营造组织氛围，让每个员工都成为负责任、有担当的企业公民，是企业领导者需要投入时间、长期坚持推动的重点工作。

企业领导者要高度重视外联工作。作为企业最高领导者，有些外部关系的建立、外部组织的互动、外部相关方的沟通，企业领导者的确必须亲力亲为。亲力亲为并不意味着单打独斗，外联工作特别需要团队协作，是个系统工程。

企业领导者要高度重视沟通工作。要积极与员工、客户、股东、董事会、社会公众、监管机构及各个相关政府部门互动沟通，深入挖掘各方期待，认真准备沟通内容，周密规划沟通方式，让大家了解企业的发展目标，并在了解的基础上增进互信。

领导技能

企业的使命愿景是企业领导者的必答题，对定义企业文化、树立对外形象非常重要。相比此前驾轻就熟的各项工作，很多新任企业领导者会感到这个议题特别宏大，不仅不能由他人代劳，还很难一蹴而就。面对不确定的未来，为企业找到长期可持续的方向和道路绝非易事，需要与关键人讨论，需要不断迭代与完善。这个过程不仅对打磨使命、愿景很有帮助，对企业领导者的成长、提升也很有价值。

企业领导者需要打造自己的领导班子。这些直接下属往往雄心勃勃，对企业领导者未必那么服气；而且他们相互之间还有些竞争，企业领导者处理不好很容易顾此失彼。要把他们拧成一股绳，形成有凝聚力和战斗力的领导集体，挑战确实很大。对此，企业领导者别无选择，只能迎难而上，因为单打独斗是死路一条，太多工作需要团队合作。当然，这很可能不是企业领导者第一次面临这个问题，以前也搭建过核心班子，但这次挑战会更大，因为越是经验丰富、功勋卓著的人，越不容易重视团队合作，越不容易把集体利益放在第一位。

企业领导者需要做好外联工作。这项工作的难点不在技巧本身,毕竟企业领导者一路走来,类似的外部关系建立及维护工作肯定没少干。全新的挑战在于,那些身居高位的外部关键人士都有自己的意图及出发点,对企业的主张未必会像你所期望的那样热心支持,这很正常。在所有外部关系中,最重要的莫过于与董事会的关系。双方都想公司好,出发点肯定是一致的,但具体怎么做,就容易产生分歧。要想解决分歧,关键在于沟通互动;只要一起沟通互动的时间足够多,通常都能解决。

直面常见问题

企业领导者出问题,最明显的迹象就是在任期间财务数据每况愈下。虽然造成这种局面的根本原因未必在于领导人自己没能完成必要的转型升级,但从其处理危机的方式或视而不见的回避中,都能看出各种转型问题的影子。绝大部分企业领导者身上的转型问题更不易察觉。

图 7.3 列出了企业领导者在转型升级过程中的常见问题,下面将逐一阐述。

问题 1:不能深入企业运营

这个问题与此前强调的组织执行力息息相关。企业领导者不能有效推动组织,做好战略执行,问题多半出在这里,他们的一言一行就是明证。比如,关于新项目或新政策,不知道怎么抓落地执行;对于关键岗位、关键人才,不重视人岗匹配;对于如何克服

1. 不能深入企业运营
2. 大部分时间都在外应酬
3. 不愿投入打造组织软实力
4. 不能有效应对董事会质询
5. 不愿考虑其他业务模式
6. 不能用好业务一把手，总是自己下场搞业务

图 7.3　转型升级过程中的常见问题：企业领导者

资料来源：领导梯队学院版权所有

组织惰性及其他执行障碍以达成战略目标，不清楚该怎么利用自己的影响力或其他抓手；等等。

关于企业运营，企业领导者要么满足于自己的错误认知，要么没兴趣学习了解。不管什么原因，大家看到的是他们对日常运营工作毫无兴趣，在跟进落地、听取各级员工意见、了解客户对产品及服务的反馈等方面，几乎没花什么时间和精力。如果说缺乏兴趣，还相对难以洞察；但企业效益每况愈下，就是显而易见的了。一旦出现这种情况，大家都知道，这位企业领导者正在走向深渊。我们就亲眼见过四位对企业运营知之甚少的领导者，每位都给公司带来了 10 亿美元以上的亏损。如果经营结果严重低于预期目标，新任企业领导者对此还置若罔闻，那么他们很可能真的不清楚企业究竟如何运转。

如果企业规模较小，比如员工总数还不到两百人，那么不出

一两年，新任企业领导者就会对企业运营比较了解。而规模更大、增长更快、业务复杂度更高的企业，学习难度会更大，学习曲线也会更陡峭。如果在这种情况下还不愿与各级同事广泛接触，身处信息孤岛还不自知，或干脆把执行工作交给他人，新任企业领导者估计是无望转型升级了。

问题 2：大部分时间都在外应酬

提这个问题，不是说见客户、见政府领导、参与社区活动、参加高尔夫名人赛等类似活动不重要。与外部各相关方沟通互动、树立良好的公司及个人形象，的确是企业领导者的职责所在。

然而，问题在于，这些外部工作很有诱惑力，很容易让企业领导者沉迷其中，忘了自己肩上更大的责任，忘了公司中其实没人在对战略执行负责。企业领导者必须内外兼修，偏废任何一边都会出大问题。如果企业领导者大部分时间都漂在外面，都在外应酬，无疑将把公司置于水深火热之中。

问题 3：不愿投入打造组织软实力

人的问题总是更为复杂。在有些企业领导者看来，产品问题就容易得多。对打造组织软实力不够重视、不愿投入的表现有很多，以下几种供你参考。

比如，企业领导者该对领导梯队建设负责，但对选拔及培养各级领导人才缺乏兴趣。

再比如，企业领导者该对企业文化建设负责，确保其能支撑业务未来发展，但对明显落后时代的既有文化熟视无睹，只管继承，没有革新。推动企业文化革新，的确特别费时、费力、费心，不少企业领导者都避之不及。

又比如，企业领导者该对领导班子建设负责，但一上任就在关键岗位上安插了自己的嫡系，在身边安排了自己的朋友。企业领导者当然有权选自己熟悉、信任的人，但这种任人唯亲的做派对组织建设伤害极大，会让绩优人才丧失奋斗的动力，会让下属更愿意趋炎附势，而不愿坦诚沟通。关于关键岗位任命，企业领导者应该明确岗位要求，建立选拔机制。

问题 4：不能有效应对董事会质询

如果企业经营结果不及预期，股东就会加强审核；董事会也会倍感压力，从而对企业领导者提出各种问题，其中不乏直击要害的棘手问题。如果企业领导者给不出令人满意的回答，董事会还会持续追问。如果同样的问题在几次董事会上被反复提及，绝不是什么好事。

董事会当然不该是橡皮图章，对企业领导者言听计从，但双方关系也不该是针锋相对。如果与董事会交恶，不是理念上没重视，就是能力上没跟上；不管怎样，企业领导者都难辞其咎。

问题 5：不愿考虑其他业务模式

大型企业集团往往有多条业务线，不同类型的业务往往会有不同的业务模式、激励机制及竞争方式，比如大型金融集团往往有多条业务线,包括商业银行业务(含对公及对私业务)、投资银行业务、地产金融、抵押贷款、融资租赁及中间业务等,各个业务的运营及管理方式都不尽相同。

大多数企业领导者的成长经历都会集中在一两个业务线,因此他们对业务模式及盈利模式的理解也局限于此,如不时刻警惕、提醒自己,很容易忽略各业务之间的差异。比如,有些企业领导者喜欢用统一的业务模式驾驭不同类型的各种业务,尤其当某个业务遇到问题时,更容易强推自己最熟悉的业务模式,而不是最适配的业务模式。

问题6:不能用好业务一把手,总是自己下场搞业务

企业领导者要用好业务一把手,而不是越俎代庖。尤其是那些以前曾执掌过某业务线的企业领导者,总有种冲动,想亲自下场,亲自抓业务,把自己曾经操刀的调整业务战略、改变产品定价、推进产线整合等重点工作全部重温一遍。企业领导者这么想可以理解,但这么做会形成顶层堵点,对整个领导梯队危害极大。企业领导者要把管理业务的责任交给业务一把手,平时多问、多观察,在业务一把手遇到问题,不能达成既定目标时,给予指导帮助;如果业务一把手真的不能达到要求,要果断换人。企业领导者绝不能动不动就自己下场搞业务,把自己该承担的工作职责抛在脑后。

做企业不能纸上谈兵。给董事会的 PPT 文档做得再酷,战略规划讲得再好,都不如脚踏实地,交付结果。企业领导者必须从

全局出发，有远见卓识，善于识人用人、打造企业文化、夯实内外部关系、强化组织执行力，交付令人满意的经营成果。这些基本功不到位，企业领导者很可能会失败。

如果企业没有系统性的人才培养体系，领导梯队只有碎片化的一两个角色，那么企业领导者要补的课还很多，尤其是在战略制定、长远规划、外部趋势洞察、外部关系建立及关键岗位识人用人等方面。如果出现这种情况，企业领导者要面对现实，承认自己的不足，并保持开放，充分借鉴董事会、行业专家、咨询顾问等多方意见，充分借助咨询公司、外部课程及团队决策等多方力量，帮助自己弥补短板。在接受各方帮助时，要记住，外部专家只能提供信息和建议，关键决策还是得自己及领导班子来做。

第三部分

领导梯队该如何落地应用

第八章
领导梯队的应用策略

应用领导梯队模型通常并不困难。其实,每家企业都有领导角色,比如初级经理人、中级经理人等。从原则上讲,不是实施,而是应用——用领导梯队模型描述企业现有的领导角色。我们称之为领导角色画像(Leadership Portrait)。

应用领导梯队模型,企业需要思考以下两个问题:

- 选择启动方式:是全面铺开,一开始就在全公司范围内推行;还是局部先行,先从部分领域做起来?
- 适配现有体系:如何把领导梯队模型与现有职级体系、岗位序列及胜任力模型有机结合起来?

本章会先介绍领导角色画像,然后探讨这两个问题。下一章将分享领导梯队模型的实操心得。

构建角色画像

本书第三章至第七章依据领导梯队的五个典型角色,逐一阐述了各个领导角色的工作职责,以及在工作理念、时间分配及领导技能三方面需要完成的转型升级。双剑合璧,就是领导角色画像。图 8.1 和图 8.2 是以初级经理人为例的领导角色画像。

主要工作职责	具体工作内容
指明方向	・清晰定义下属的角色定位及工作重点 ・清晰说明下属的个人业绩目标与团队、部门及公司整体目标间的有机联系 ・制定下属个人业绩目标时,能与下属沟通共创
赋能团队	・帮助下属有效工作,完成职责分工 ・给予下属必要授权,使其能有效达成业绩目标 ・给予下属所需帮助,但绝不越俎代庖,替下属完成其分内的工作
培养下属	・为下属制定明确的成长目标 ・给下属提供以事实为依据的、有建设性的反馈辅导 ・坚持辅导培养,帮助下属成长,并将之视为领导者的职责所在
跟进业绩	・定期询问下属状况,主动提供工作帮助 ・经常检查工作进展,检视下属业绩表现 ・遇到问题及时解决,绝不任由其放大升级
识人用人	・选择下属时,不仅要看个人能力,还要看对团队整体的贡献 ・对持续不能达成目标的下属,要敢于决策,主动更换 ・对有潜力胜任多种角色的下属,要优先考虑
团队建设	・鼓励团队合作,创造包容协作的团队氛围 ・鼓励坦诚沟通,创造开放信任的工作环境 ・提振团队士气,提升团队投入度及敬业度
组织协同	・定期向上级领导汇报工作进展 ・适时分享预期之中的困难障碍 ・主动协调、积极推动跨团队协作

图 8.1 初级经理人的领导角色画像(1/2)

资料来源:领导梯队学院版权所有

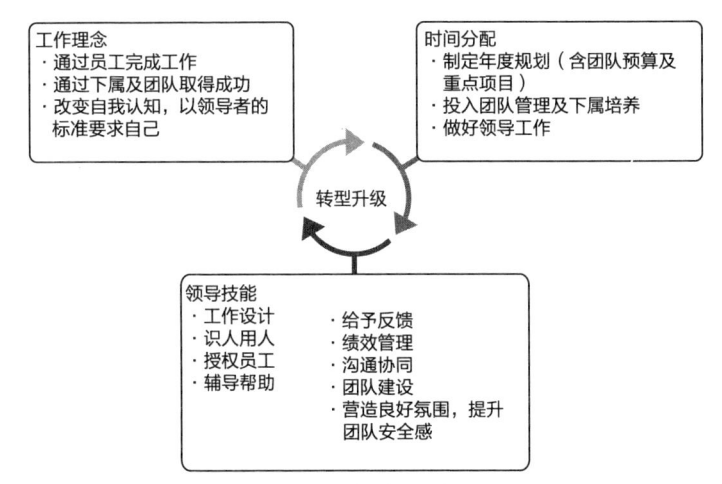

```
┌─────────────────────────┐        ┌─────────────────────────────┐
│ 工作理念                 │        │ 时间分配                     │
│ ·通过员工完成工作        │        │ ·制定年度规划（含团队预算及  │
│ ·通过下属及团队取得成功  │        │   重点项目）                 │
│ ·改变自我认知，以领导者的│        │ ·投入团队管理及下属培养      │
│   标准要求自己           │        │ ·做好领导工作                │
└─────────────────────────┘        └─────────────────────────────┘
                    ↘    转型升级    ↙
                ┌──────────────────────────────┐
                │ 领导技能                      │
                │ ·工作设计    ·给予反馈        │
                │ ·识人用人    ·绩效管理        │
                │ ·授权员工    ·沟通协同        │
                │ ·辅导帮助    ·团队建设        │
                │              ·营造良好氛围，提升│
                │                团队安全感      │
                └──────────────────────────────┘
```

图 8.2　初级经理人的领导角色画像（2/2）

资料来源：领导梯队学院版权所有

本书第二章阐述了领导梯队模型有什么用，能解决哪些问题，能取得哪些成果。要充分发挥领导梯队模型的作用，就需要为组织中的典型领导层级及岗位构建角色画像。

工作职责是领导者的输出，即必须交付的工作成果。领导者要对这些工作成果负责。这既是绩效评价的基准，也是成长提升的基准。培养领导人才，需要有的放矢。如果没有领导角色画像指引方向，领导人才培养计划往往会比较空洞，也很难得到领导者的重视；有了领导角色画像，不仅提升重点明确具体，还能通过绩效评价持续跟进。

转型升级三要素，即工作理念、时间分配和领导技能，是领导者的输入，即要想交付某项工作成果，必须在理念上、时间上、技能上有保障。培养领导人才，这三要素也很关键。如果问自己"是什么影响了这位领导者的绩效？""我如何帮助他改进？""为什么他没有给直接下属制订发展计划？"，答案通常都与这三要素相关。比如，该领导还没转换工作理念；再比如，尽管工作效率的确存在问题，但时间投入不足、领导技能不强也是重要的原因。正因如此，在为新任领导者制定培养规划时，要对三要素进行全面覆盖，不可有所偏废，比如只是关注领导技能。

在评估初级经理人的晋升潜力时，首先要评估此人是否已经完成了初级经理人所需的转型升级。如果已完成，就要对比初级经理人及中级经理人的角色画像，问自己"在工作中是否有迹象表明，该领导已经做好了成为中级经理人的准备？""是否展现了中级经理人所需要的工作理念及领导技能？"。没有领导角色画像指引方向，关于领导潜质的讨论不仅抽象，缺乏事实依据，而且很容易受到个人偏见的影响。人才选拔是业务决策，与其他投资决策别无二致。基于领导角色画像，人才选拔就能做到以事实为依据，就能采用同样的决策流程，就能极大提升决策成功的可能性。

在构建领导角色画像时，要根据企业的具体情况，具体分析。你会发现，在图8.2的工作理念、时间分配及领导技能的三要素框图中，都留有空白；我们诚挚邀请你，根据实际工作场景进行修改完善，加上你认为重要的其他要点。此外，有的企业为了结合现有的胜任力模型，把"领导技能"改成"胜任力"；还有的企业为了通俗易懂，把"工作理念"改成"思想认识"。尽管不同用词的意思不完全相同，但相比意思上的细微差别，更为重要的是选择最适合企业、大家最有共鸣的说法。

关于工作职责，也要根据企业具体情况，针对不同领导层级和岗位进行调整。比如，对于生产制造条线的领导者，很可能需要加上具有职能特色的相应要求。

具体到图8.1左边的"主要工作职责"，不能好高骛远，应秉承务实态度，聚焦在实际所需的领导工作。至于如何表达，就见仁见智了。比如，同样的意思，有的企业喜欢用"赋能"，有的则倾向用"授权"。对于全球化的企业，还会涉及翻译问题，还需要考虑多语种的适用性。具体怎么选，由你决定。如果确实需要增加一项工作职责，也不是不可以，但我们更想强调的是，不要求全责备，尽可能聚焦在真正重要的工作职责上。

图8.1右边的"具体工作内容"，即具体做什么，才能履行好自己的工作职责，比如指明方向、赋能团队、建设团队等。对工作内容，一定要清晰描述，这样会更具实操性，让各级领导更容易付诸行动。根据企业具体情况，也许需要再加几条，也许需要换个说法。比如，把"赋能"改成别的说法；又比如，同样是找下属单独谈话，不同企业就有不同的说法；总之要选最契合企业文化的表达。再比如，公司正在大力推动某项人才举措，也可以在这里配合强调，加上相关要求。

选择启动方式

企业在应用领导梯队模型时，常见的启动方式有两种：

- 全面铺开
- 局部先行

从一开始,就在全公司范围内全面铺开领导梯队模型,通常有以下益处:

- 确保普适性,因为从一开始就综合考虑了全公司方方面面的各种需求;
- 确保系统性,因为从一开始就全面对接了全公司既有人才管理体系、工具及流程;
- 确保一致性,因为从一开始就统一要求了全公司所有单位,杜绝了各自为政、各搞一套的情况。

全面铺开的好处显而易见,但这不是唯一的选择。其实,局部先行,即先从部分领域做起来,也是一种推进方式,而且可能更容易赢得组织支持,更有利于快速启动。比如,有的企业会选择某个职能条线、业务单元或区域市场,在领导梯队的各个角色都推行起来;有的会选择某个领导角色,比如初级经理人;或者从排名前100的高管开始,作为高管发展计划或者继任规划的一部分。

为什么会选局部先行呢?最常见的原因有两个:一是集团下属某单位有资源也有意愿快速启动,但集团人力却忙于其他工作,无暇顾及;二是集团希望先做个试点,再考虑是否全面铺开。

局部先行也有颇多益处:一是可以快速推动,从急需加强梯队建设的单位开始；二是可以快速测试，看看所需的工具流程能否跑通，能否支撑全面铺开；三是从变革管理的角度，快速见效、快速形成成功案例本身就有很强的传播效应。

当然，所有事物都有两面性。如果运作不当，好事也会变坏事。比如：

- 试点单位过于考虑个性需求；
- 其他单位觉得被排除在外；
- 成效及案例不具普适性。

因此，局部先行的成功关键在于，从一开始就要有组织全局意识，要以在全公司范围内全面铺开为出发点，在确保局部试点成功的同时，为后续全面铺开做好准备。

无论是全面铺开，还是局部先行，只是启动方式不同，最终都会殊途同归。

适配现有体系

选好启动方式，接下来就要考虑如何适配现有体系：把领导梯队模型与现有职级体系、岗位级别及胜任力模型有机结合起来。

如何适配现有职级体系

大多数企业都有职级体系，也有相应的职务名称，主要是对内，也有对外营销及公关的用途。不同企业有不同的体系，但作用都类似，即明确权限和身份地位。不同的职务名称对应着组织结构中的不同层级，代表着不同的身份地位；但对于明确角色定位，帮助不大。也有企业希望把两者结合起来。比如，有家跨国企业，在每个国家的业务都是独立的业务单元，因此各国业务负责人都是业务一把手，职务名称为"董事总经理"。制造业企业也有类似的例子，比如有家企业的工厂负责人，职务名称为"生产总监"。

各种职级体系及相应的职务名称有个共同点，就是自上而下的设计：更多聚焦的是身份地位，而非实际的工作职责。这意味着，同样做着初级经理人的工作，即便在一家企业里也会有不同的职务名称，比如主管、经理、总监或副总裁。职务名称是职级的体现，大多数企业都需要，且设置都非常合理。

放到领导人才培养、绩效评估、继任规划及相关人才管理工作的实际场景中，职级体系及职务名称的局限性就显现出来了。要能帮助指导这些人才管理工作，还需要与之相对应的角色定位及职责要求。

领导梯队模型可以在现有职级体系及职务名称的基础上，更好地支撑领导人才的选拔、培养及评价工作。应用领导梯队模型与企业现有职级体系并行不悖，相辅相成。这两样，每家企业都需要。

如何适配现有岗位级别

大多数企业都有岗位级别。除了与职务名称一样是身份地位的象征，岗位级别往往还对应着薪酬等级。企业通常会通过相对统一的岗位级别，拉通各个职能、各个业务、各个区域的职级、职务及薪酬体系。具体到继任规划、绩效评估及领导人才培养方面，岗位级别的作用有限。此外，针对不同类型的专业人才，可能需要不同的岗位序列，并根据不同的序列制定相应的岗位级别。请看下面这个案例。

> **案例研究_**
> **某大型多元化能源集团**
>
> 这是一家大型多元化能源集团，涉及油气业务、风力发电、能源交易等多个业务领域。每个业务都是独立的业务单元，集团财务、人力、采购、公关及法务等部门为各业务提供共享服务。
>
> 各个业务规模及成熟度相差很大：最大的业务占集团总收入的40%；另外三个成熟业务的总收入占比分别是30%、15%和10%；还有些业务规模较小，总收入占比仅为5%。

以此为例，可以看出，把领导梯队模型与现有岗位级别结合使用的必要性。

相比其他小业务，大型业务对集团整体的影响更大。业务规模越大，组织规模就越大，管理复杂度也就越高，这意味着同样是业务一把手或职能负责人，大型业务领导的岗位级别更高。然而，从领导梯队各典型角色工作职责的角度看，无论业务规模大小、岗位级别高低，业务一把手或职能负责人该负责的领导工作是一样的，该完成的转型升级是一样的。关键在于，工作职责及成长要求是由角色决定的，与职位和级别无关。

大型业务某职能部门的中级经理人，在级别上很可能比中小业务的职能负责人都高。但从领导角色的角度看，他仍然是中级经理人。

我们不是说岗位级别不重要。就像此前所述，岗位级别很重要，只是很难指导领导人才培养及梯队建设。领导梯队与岗位级别完全可以共生共荣，这样才能成功。

如何适配现有胜任力模型

胜任力模型类型有很多：有的比较简单，只有五到七项笼统的能力要求；有的则相对复杂，能力维度很多，具体要求也很多。胜任力模型主要用于人才评价、培养、招聘、继任规划及类似领域。企业找到我们，经常是因为胜任力模型还有些不尽如人意。

回想领导角色画像，就会知道为什么光靠胜任力模型，注定很难做好领导人才评估、培养及继任规划。胜任力是技能，只是转型升级的三要素之一，既没有考虑工作理念及时间分配，也没有区分不同角色，还缺乏与工作职责的有机连接，很难真正指导绩效评估。比如，对于业务一把手与呼叫中心负责人，同样的胜任力模型就不太适用。当然，胜任力模型也很有价值，单项技能实在无力支撑整个企业的梯队建设。

在评价领导者绩效及领导素质时，不能光看能力，还要看结果。要问：

- 该领导交付了哪些成果？
- 该领导是否做到了授权？
- 选拔领导人才时，该领导是否会只想着业务，忽略领导工作？
- 作为职能负责人，该领导能否跳出日常运营，制定职能战略？

在评价领导者绩效时，应参照具体工作内容的要求。有能力当然好，但如果不能交付结果，徒有一身本领，意义和作用也不大。

做完评价，还需要思考，面对当前及未来的工作职责，领导者怎样才能做得更好。也许需要练就新的领导技能或胜任力，也许还需要树立新的工作理念，调整时间分配，更有效地利用时间。能力有欠缺，确实很难独立开展工作，尤其是初级和中级经理人。其实，领导者更容易掉进的坑往往是工作理念。事实上，我们见过许多不缺技能、但缺意识的领导者。他们不是没有领导技能，只是还没转换工作理念：来到领导岗位上后还在按个人贡献者的方式，干着个人贡献者的工作。

此外，大多数胜任力模型没有对不同层级、不同角色做应有的区分。比如，有些胜任力模型有七项能力要求，其中适用于业务一线的不过三四项，适用于集团高层的只有两项。更要命的是，胜任力模型不能指导领导者的日常工作，不能告诉其该做什么工作，该对什么负责；不能告诉中级经理人该如何要求自己的下属，即初级经理人。

搭建胜任力模型并不容易，不仅需要大量时间及费用，还得高层参与，因此应当继续沿用。应用领导梯队模型，并不意味着取而代之，二者携手向前才能成功。

对于简单的胜任力模型，可以把这五到七项能力作为组织对各级领导者的整体要求；然后在各个领导角色画像中细化落地，更好地指导领导者开展日常工作。

对于相对复杂的胜任力模型，可以将之与转型升级三要素结合，放到"领导技能"项下，或是直接把"领导技能"改成"胜任力"。

总之，胜任力模型还是很有帮助的，如果能结合不同领导角色，对领导者的日常工作与选拔培养更具指导性，就更好了。

第九章
领导梯队的实战心得

上一章重点探讨了领导梯队的应用策略。自推出以来,领导梯队已在许多企业落地生根,每家企业无一例外都对当年的决策倍感欣慰。这些企业的业务规模有大有小,发展阶段有前有后,其业务领导及人力伙伴在推进领导梯队应用的过程中做了很多选择决策,积累了很多实践经验,还跟我们分享了很多思考体会。结合自身的摸索,我们对哪些应用能行、哪些应用不行越来越有心得。这一章就把这些源于实战的心得体会和盘托出,希望能帮你更顺畅地用好领导梯队模型。

在分享前,关于应用领导梯队模型,有三个要点需要提醒。

第一,应用领导梯队模型,很可能意味着完善优化,而不是重新搭建。有的企业很可能已经有了领导梯队的雏形,或已对不同层级进行了初步区分,尤其是决策、招聘及费用审批等。

第二,要对现有领导梯队进行评估。如果出现以下情况,就表明现有体系可能存在问题：

- 专家型人才不知道业务方向，也不清楚该去哪儿找；
- 领导人才培养不力，无法满足业务需求；
- 业务存在堵点，瓶颈效应明显；
- 员工纷纷离职，感觉缺乏参与感与意义感；
- 领导人才培训与实际工作需求严重脱节。

第三，要想应用领导梯队模型，首先必须分层级，定义对各层级领导的不同要求，否则领导人才培养就无从谈起。这种层级区分及相应要求不仅要定义明确，还要易于理解，便于实践与衡量。所谓应用领导梯队模型，就是要在组织层面，针对不同层级的领导者，明确职责要求、衡量工作绩效及提升领导技能。要注意的是，这里说的职责要求，不是具体技术或业务工作的业绩指标，比如市场份额或销售目标；而是针对本层级重点领导工作的明确要求，比如战略规划（而非此前熟悉的运营规划），再比如长远规划（而非短期计划）。企业还可能根据实际需要进行增减调整。对于应用领导梯队模型，根据不同层级，分级制定对各级领导的明确要求，是当务之急、重中之重。

启动必读

有些实战心得，普适性很强，比如本节的这两条。要想做好启动，要想把领导梯队模型用好，这两条是重要的基础，希望大家重点参考，辅助行动。

针对不同层级，明确工作职责

这么多领导层级，从哪里入手？不妨从初级经理人和中级经理人开始。以我们的经验，主要问题往往集中在这里。而且不论是否存在问题，这两个层级涉及的领导岗位及领导者数量通常最多。

要想全面了解情况，建议做些访谈。分别与六位初级经理人和中级经理人进行访谈，应该够了。需要注意的是，访谈前要讲清楚访谈目的，不是评价他们的工作表现，而是纯粹的调研，了解一下他们对自己的角色怎么看。因为如果是考核评价，被访谈者容易动作变形，很难了解到真实情况。

访谈中，不妨问问以下问题：

- 你认为自己应对哪些工作成果负责？
- 为了达成这些成果，你需要做哪些工作？
- 如果能多5%的时间，你会怎么用？
- 你想在哪些领域多花些时间？在哪些领域少花些时间？
- 你能做哪些决策？在哪些领域想要更多授权？
- 你认为自己在哪些方面需要成长提升？

总结访谈结果，并与领导梯队模型的相应角色要求进行比对，看看有哪些不同。在描述情况时，要遵循公司的话语体系，而不是书中的术语。之后，再安排反馈研讨。再次重申，访谈的目的不是评价工作表现，而是明确与领导层级相匹配的工作职责，帮助大家建立认识，达成共识。①

小贴士：也许你会惊诧地发现，在实际工作中，中级经理人替下属干了不少本该初级经理人负责的工作；而其下属则干了太多具体工作，也就是本该个人贡献者负责的工作。

简单直接，把该做的领导工作做好

在应用新事物时，不少人会倾向发起个项目，推动个变革，确保落地实施。也许这是人之常情。然而，推动领导梯队模型落地，不能搞形式、一阵风。因为领导梯队模型的主旨精神，恰恰不在一时一刻的声势浩大，而在日常工作的履职尽责，让各级领导者把各自该做的领导工作做起来、做好，并通过领导工作促进业务发展。比如，帮助大家认识到自己的工作职责，并真正投入时间和精力，做好工作计划、人员招聘、布置工作、跟进业绩、给予反馈、辅导帮助、分配奖金等领导工作，这就是目的。就这么简单，都是最基本的日常工作。这些做好了，业务工作及领导工作都会提升。也许需要做点培训，帮助大家成长提升。②

---

① 关于此议题的详细论述，详见斯蒂芬·德罗特所著的《业绩梯队》（该书简体中文版由机械工业出版社于2012年出版）。
② 领导梯队学院开设有针对初级经理人、中级经理人和职能负责人的培训课程。

业务一把手必读

通常，业务一把手需要确保能在合适的时间，以合适的成本及质量，给客户交付合适的产品。要想做到这一点，必须依赖各级领导者，比如初级、中级经理人，带领各自的团队做好产品设计、生产、销售及交付等相关工作。除了日常运营，职能负责人还要承担更多战略工作。从这个意义上说，业务一把手做好领导梯队建设工作，既是利人，也是利己。

激发基层领导

业务一把手要通过面对面的方式，定期与初级、中级经理人直接沟通。一对一或集体研讨都可以。沟通频率不需要很高，关键在于定期。要确保每一位初级、中级经理人都沟通到，不能有所疏漏。业务一把手要认识到，这些沟通是做好客户服务、实现业务目标的重要保障。

沟通时，要明确你对他们的期待，倾听他们的顾虑；要详细说明他们的工作职责，比如与员工密切沟通，做好反馈、辅导、人才培养及员工支持；要深入阐述初级经理人与中级经理人的不同，帮助大家厘清认知；还要把他们的领导工作与业务成功联系起来，让他们看到自己做领导工作的意义和价值。此外，还要留出时间，让他们提问。有几家客户还把角色定位及工作职责打印了出来，张贴在办公室、会议室及生产车间的墙上。

融入业务战略

大家都知道,卓越领导力可以成为企业的竞争优势,而且是为数不多的可持续竞争优势。而且,领导力的强弱能在很大程度上预示业务的成败。如果手下各级领导能在招人、留人、育人、用人等方面超越竞争对手,组织执行力就会更强,就更有可能在市场竞争中持续占得先机。遗憾的是,不少业务一把手在制定业务战略时忽略了梯队建设。同样的错误,你不能再犯。要在业务战略中融入梯队建设,让强健充盈、生生不息的领导梯队有力支撑业务发展。

做好继任规划

要想领导梯队有力支撑业务发展,业务一把手必须投时间、投预算,充分借助继任规划,做好规划决策;必要时,还得冒点风险,大力培养有潜力的领导人才。由此可见,继任规划是服务业务,是帮助业务一把手思考未来业务需求,做好中长期梯队建设的有力抓手。人力部门可以设计流程、协助推动,但归根到底,继任规划还是业务的事,还得由业务一把手主导。

人力负责人必读

关于组织领导梯队建设,人力部门责无旁贷。虽然无法对每位领导者的个人绩效负责,但人力部门要对组织上下各级领导者的整体绩效负责。责任如此重大,人力部门要有充分认知,要有意愿担当。为此，人力部门要做好领导梯队的整体架构设计，并通过一系列的重点举措、流程优化、培训课程、反馈辅导及奖励激励等方式方法，帮助各级领导成长提升，帮助每位领导者成功。重任在肩，人力部门不能被动等待，而要主动出击。人力部门需要的不是指示，而是勇气。

先做调查研究

不知道好在哪里、问题在哪里、提升机会在哪里，就直接给解法，显然是过于鲁莽了。要先做调查研究，全面了解情况、收集信息。很多极为重要的信息就在那里，等待被发掘。

请沿着以下问题，认真思考人力部门目前的工作，尤其是来自各方的需求。

- 他们为什么来找人力？（含领导者及员工）
- 他们的诉求是什么？
- 他们陈述的问题是什么？
- 针对这些问题，他们认为是谁的责任？
- 绩优人员的诉求是什么？
- 分析经营结果，你发现了什么？哪些做得好，哪些有问题？
- 在转型升级方面，刚被提拔的领导者做得怎么样？
- 外部招聘的领导者表现怎么样？

一旦发现问题，要清晰描述，记录在案。一定要全面了解情况,每个环节都可能有机会。

坚持系统思维

梯队建设是个系统工程。像招到一位好领导或是开发一门好课程这样的单点提升,做得再好都解决不了系统问题。我们也希望有本神奇的书、有门神奇的课,一下子就能解决所有问题,但这是不可能的。还得综合人力工作的方方面面,进行系统思考,促进整体提升。

- 领导岗位选拔标准:在对外招聘及对内选拔的过程中,看技术专业技能,还是领导潜质?
- 继任规划流程:重点培养的后备人才被提拔后,是否取得了成功?
- 培训课程:不论是要求参加的还是推荐参考的,这些培训课程的针对性有多高,落地性有多强?实际工作中用到了哪些?
- 绩效评价标准:关于晋升决策及奖金评定,有没有不怎么样的领导者获得了提拔,得到了重奖?
- 外部教练指导:贵司对领导者的期待及要求,他们知道吗?是否严格遵循?还是在按自己的套路来?
- 职业发展规划及管理:关于发展路径,从员工走上领导岗位再到更高的领导岗位,大家有多少了解?

这些都是组织领导梯队建设的方方面面，要想形成合力，必须符合统一的框架模板，必须遵循一致的标准要求。这就是为什么第一条实战心得就是要参照领导梯队模型，针对组织不同层级，明确工作职责及相应要求。这样一来，如招聘、晋升、激励、培养等相关工作，都可以遵循同样的框架及标准指引。所有工作遵循同样的框架标准，这个貌似简单的一小步，恰恰是组织打造领导梯队的一大步。当然，企业应当根据领导岗位的具体情况，增减完善相关的具体要求，比如考核激励时需要的业务运营目标。具体内容可以灵活调整，只要其他各项工作也都遵循同样的调整就好。

HRBP必读

HRBP（人力资源业务合作伙伴）是组织梯队建设的地面部队。他们扎根于各个业务及职能团队，不仅能直接观察各级领导的工作，能听到其下属的反馈，还能在处理员工投诉时了解到不少隐情。HRBP提供的这些来自组织基层、不同视角的即时信息，不仅非常独特，而且对全面了解领导者的工作情况，分析其能力、判断其潜力，价值巨大。对HRBP提供的信息，一定要高度重视；形成组织意见后，一定要采取实质性的行动。

做好日常记录

对于自己支持的业务或职能团队中的各位领导，HRBP要多观察，勤记录。最好每天，最少也得每周，把看到的、听到的、亲身经历的每位领导的情况记录下来。这不是"当间谍",也不是"记小黑账",而是HRBP的职责所在。要不然,HRBP凭什么给反馈,凭什么提建议呢? HRBP的日常反馈及提升建议,能极大助力领导人才的培养。而且,关于这些自己支持的各级领导,HBRP在评价当期业绩、判断未来潜力等方面,也要能给出有理有据的意见和建议。由此可见,平时做好系统整理记录,对HRBP履职尽责的确非常重要,这才是记录的目的。

日常记录时,不妨问问自己:

- 这周,对这位领导,增进了哪些了解?
- 这周的这件事是偶然发生,还是由来已久的行为模式?
- 关于这件事,具体如何反馈才能做到既有帮助,又有建设性?
- 关于这件事,谁应当知道,在什么时候知道?

日常记录、日常反馈是HRBP的正常工作。其实很多领导,特别是优秀的领导,对此非常欢迎。重视梯队建设的企业,也会非常欢迎HRBP的观察与建议。如果多位领导存在同样的问题,不妨搞个组织层面的专题培训。

支持转型升级

领导什么时候最需要支持?以我们的经验,通常是刚被提拔,刚开始进入新角色的转型升级时。然而,最需要的时候,得到的支持却最少。此时此刻，HRBP最适合出手相助。

对于刚被提拔的新领导，很多人认为应该"先让他们自己摸索，一段时间后再看到底做得怎么样"。这个误区，必须厘清。来到新的环境，对自己新的角色还缺乏理解和认知，孤军奋战的新领导自然会按照过去的成功方式行事，转型升级自然无从谈起。其实，换种方式会更好。

首先，要讨论新岗位所需要的转型升级。不妨参考领导角色画像及本书相应章节，讲讲被提拔，要进入新的领导角色在工作理念、时间分配及领导技能方面所需的转型升级。要特别重视工作理念转变。如果公司已采用领导梯队模型，并构建了各层级的角色画像，就更好了。

然后，要讨论新岗位应承担的工作职责。不妨参考本书中的"主要工作职责及具体工作内容"模板，并根据具体情况灵活调整相关要求。只要能理解自己在新的领导岗位上如何创造价值，这些工作就变得有意义了。

此外，可能还需要讨论如何树立新形象。对于初级经理人，改变尤其大，需要重新定位与团队的关系。过去，大家是同事，现在自己成了领导，假装什么都没变，还想跟他们打成一片，于人于己都没有好处。员工需要领导给他们工作方向、反馈辅导、支持帮助、职业发展建议等；HRBP需要帮助新任领导理解接受这些职责，事前做好充分准备，能跟下属进行有益的讨论。事前的深入思考和认真准备特别关键，HRBP要确保新任领导做到。好的领导能让下属觉得可信任、可依靠；新任领导要从第一次会议开始树立新的形象，树立自己的威信。

进入新角色的转型升级不可能一蹴而就。一次会议不可能解决所有问题。HRBP 要做好规划，持续跟进支持。HRBP 既了解情况，又能提供帮助，还不是领导，不会让人产生压力，因此大家通常更愿意跟 HRBP 沟通，更愿意分享自己的顾虑和困惑，更愿意暴露问题并加以改正。

先从有意愿的人开始

如果组织重视梯队建设，各级领导应该愿意接受 HRBP 的帮助，比如提供反馈指导或支持转型升级。不要指望所有领导都会这样想，都会抽出时间；但总有人渴望进步，比如能力上的进步、职位上的进步，总有人希望得到帮助指导。先从这些有意愿的人开始。不要被动等待，等着组织发文，等着项目启动。很多领导者都想成为最好的自己，HRBP 可以先把时间和精力放在这些人身上。只要有效，就会有口碑，就会有更多的人愿意向你求助。这种自下而上、自发自愿的方式，在很多企业都取得了成功。

警惕常见错误

在应用领导梯队模型时，有几个常见错误，需要提醒大家注意。

不用等公司发文

应用领导梯队模型，从哪里开始都能取得成功，没必要非得等公司发文。在我们服务过的客户中,有从首席执行官这层开始的,也有从职能负责人或运营条线的某个部门开始的,可谓是条条大路通罗马。最重要的是:先从你能推动的地方做起来。

不要把职务与角色混为一谈

职务代表着身份,不一定能如实反映工作职责。不同企业的同一职务,名称往往不同。比如,某些企业的副总裁其实没有下属,从这个意义上说,副总裁其实是个人贡献者。再比如,有些领导虽没有特别显赫的高管头衔,但带领着上万人的团队。依据领导梯队模型,区分典型领导角色或层级时不妨跳过职务,聚焦工作职责。需要注意的是,有些集团层面的关键岗位虽然没有直接下属,但是在某个领域为公司整体情况负责;从领导梯队的角度看,应将其视为职能负责人或子职能负责人。

不要生搬硬套,具体命名要按公司的习惯来

本书中的用词,比如领导者、职能、企业等,也许与每家公司的习惯不太一样。如果你想遵循本书中的用词,当然欢迎;但如果这些用词容易产生歧义,就要按公司的习惯来。关键不在用词,而在一旦确定,就要保持一致。

解决梯队堵点

在应用领导梯队模型的过程中,如果已经非常努力,但进展还是不尽如人意，很有可能是因为现有梯队中存在堵点。解决梯队堵点并不容易，或许需要采取更为激进的方法。以下两种方法供你参考。

转回专家岗位

对于不愿花时间或是没能力做领导工作的在位领导，不妨将其转回此前的专家岗位，接着做个人贡献者。不是每个人都适合做领导工作，不是每个领导都想当领导。有的人抱着试试看的心态，干了一阵儿，发现跟自己想要的或自己期待的颇有差距。把这些不愿当或不该当领导的人留在领导岗位上，就会形成梯队堵点。通常，这些人的工作绩效也会比较靠后；与此同时，他们的下属也得不到应有的关注关心、反馈辅导、职业发展规划等帮助与指导。总之，大家都不开心，最终工作也会受到影响。这种情况对领导本人、对其下属、对整个企业，都不是好事。

在岗位调整前，需要与相关领导进行深入的探讨。如果当初是因为做个人贡献者时的优异表现才被晋升为初级经理人的，那么转回到专家岗，也许对企业、对个人都是好事。如果接替的领导能力更强、意愿更高，其原先的下属也能受益。

面对不称职的领导者，企业往往会迟迟没有行动。如果对没意愿或没能力的领导者拖得太久、忍得太久，会无形中拉低组织整体的领导标准。日后再想提升，难度就更大了。

提高管理幅度

有人反对把不想当或不该当领导的人转回到专家岗,常见的理由是,没有更合适的人来接替。这时需要引入管理幅度的概念,即某位领导直接领导的下属人数。如果管理幅度过窄,即下属人数太少,比如 5 人或更少,那么初级经理人要做的领导工作相当有限,还得像以前一样投入大量时间做具体工作。从这个意义上说,过窄的管理幅度把他们制约在了具体工作上。

根据我们的经验,较为合理的管理幅度应是有 10~30 位下属。通常,劳动密集型行业的管理幅度较宽,比如生产车间、呼叫中心及零售门店等。由于下属人数较多,领导工作几乎占据了领导者的所有时间。对需要解决技术及专业难题的行业,管理幅度往往较窄。下属人数少于 5 个的情况,应当仅限于尖端科技及大客户销售领域。

最后提个请求

希望本章中的实战心得对你有帮助。我们对你的实践经验也很有兴趣。请给我们发邮件,邮箱地址见本书前言结尾处。期待你的分享。

第十章
用于绩效对话，做好育人留人

❝没人喜欢绩效考核，别干了吧!""形势逼人，哪还有预算培养人!""辅导团队？真是没时间啊。"如果你和同事们也这么认为，那么也许该再想想。这种思维危害很大，很多当下的棘手问题，比如员工流失、敬业度低、默默躺平、职业倦怠等，都可溯源于此。一旦员工觉得不被公司重视，尤其是不被自己的顶头上司重视，就有可能辞职离开、身在心不在，或是在社交媒体上各种吐槽。不关心员工成长，绩效怎么会提升，组织怎么能有发展？对员工成长，一定要重视。这一点再怎么强调都不为过。

关于绩效评分，有的公司已弃之不用，有的还在用；关于绩效面谈，有的公司要求平时持续沟通，有的则规定每半年一次，且对面谈内容还有框架指引。有要求、有指引，总比没有好；但这些还不能解决上面提到的种种问题。要想解决问题，唯一的方法就是在组织上下各个层级，定期进行真正有益的绩效辅导对话。

时下有个观点还挺流行：领导只要做到"有同理心""多倾听""多沟通""更坦诚""更真实"，就能解决问题。这些举措，也许会有些短暂成效，但还是无法解决根本问题，员工及其领导还是不知道自己的工作为什么重要、自己对组织有什么价值。那么具体怎么做呢？领导梯队来帮你。

本章将介绍领导角色画像，明确各级领导的自我要求；还会介绍领导梯队绩效圈工具（Leadership Pipeline Performance Circle），评价在不同领导角色上的工作表现。无论贵司是否在用绩效评分，绩效圈都是很好的工具，尤其是能把绩效评价与辅导培养自然地结合在一起。

把握绩效对话关键

要想真正帮助员工成长，以下几条经验之谈供你参考。

帮助员工成长，不仅能提升当前绩效，还能促进未来绩效。真正关心员工，帮助其成长，是最为强大的留人手段。

经常给员工反馈辅导。最好的反馈是即时反馈，而不是六个月后。反馈辅导要经常做，而不是隔很久才做一次。

先听员工自己的看法。在给出评价前，先问问员工对自己的工作表现、成长需求及发展潜力怎么看。先就现状达成共识，再讨论之后如何提升。通过员工的分享和随后的讨论，不仅能获得不少有用的信息，而且能避免潜在冲突和矛盾。

最有建设性的绩效对话，应当包含对以下问题的认真回答。

- 公司对我有什么期待？
- 我的工作对公司业务有什么影响？
- 我做得怎么样？
- 我在工作中遇到问题时，能得到帮助吗？
- 我的成长需求如何得到满足？
- 我的直属领导会如何支持我的成长？
- 在公司发展，我的未来会是怎样的？

这些是员工普遍关心的问题。每位领导的首要责任，就是要确保下属知道并理解公司对他的期待是什么。同时，领导要确保下属知道自己做得怎么样。上一章从领导的角度做了阐述，在这里，我们希望领导能设身处地从员工的角度想一想这个问题。领导对这些问题熟视无睹，无异于播下了未来动荡的种子，因为员工的去意往往就是从这时开始的。

这些问题非常有用，只有遵循这些问题，才能与员工进行真正有益的绩效辅导对话。绩效辅导对话是领导与员工之间的一对一沟通，其关注的焦点不是公司的需求，也不是领导的需求，而是员工的需求。这样才能让员工真正感受到组织的重视。由于对这些问题的回答会影响业务的开展、项目的进程、障碍的出现及处理、新目标的制定等，这样的对话总是需要的。这就是为什么我们强调要经常性地给员工反馈辅导。

回答这些问题对领导自己也很有帮助。这样的对话，既能帮助员工及其领导厘清很多以往的模糊地带，也能为员工明确工作重点，给领导有用的反馈，很可能提升双方的工作表现。不仅如此，还能帮助领导思考自己的工作情况。

如果没有得到回答，员工会觉得自己不被重视，没有真正融入组织。没有正面回答，员工就可能会往最坏的方向想，比如"我的工作一点都不重要""我在不在无所谓""我的绩效很差""他们很可能给我降级""我就要被裁了"等。当员工觉得自己还没有真正融入组织，前途未卜，就会默默躺平，或者开始寻找下家。无论怎样，都不利于业务发展。

不少领导质疑我们的建议，认为这都是因为年青一代的期望值太高。然而，他们忽略了两个关键点：

- 这是领导的本分！不想帮助下属成长，不如干脆别当领导。
- 这么做，领导自己也会受益。直接下属业绩的总和，就是领导的业绩；帮他们理解，帮他们做到，帮他们就是帮自己。既然如此，何乐而不为呢？

关注两类重要问题

同样是问题，影响力差别很多。关于领导者，有两类绩效问题不仅会影响其身边的人，还会产生连锁效应，波及面很大，必须高度警惕，不应被忽视，不可被掩盖。然而，被忽略是常有的事。

领导在干下属的工作

在每家客户公司，我们都见过这种情况：本该直接下属做的工作，领导却紧抓不放，还在亲力亲为。虽然这种情况在初级经理人身上最常见，但其实各级领导都有这个问题。

这是领导者的大忌。这么做，损人害己：领导自己无法做出应有的贡献，没有实现应有的成长；直接下属也无法做出应有的贡献，不能实现应有的成长。他们得不到领导的关注，感受不到参与感。他们很需要领导在做业务工作的同时，做好分内的领导工作。这是导致员工职业倦怠的常见原因。

一旦发现这种情况，无论是个别人还是一群人，都要高度重视，认真解决。具体而言，领导必须完成与自身岗位要求相匹配的，在工作理念、时间分配及领导技能方面的转型升级，确保做到预期绩效。而且，此后的绩效及晋升评估要以此为依据。

说起来容易，做起来很有挑战。原因在于，很多企业对领导工作缺乏明确要求，不是要求很少，就是没有要求。通常企业在财务及运营要求方面都做得不错，但在对领导的工作要求及区分不同层级要求方面，实在不尽如人意。因此，即便是某些人从意愿上很想提升自己的领导能力，但在实践中也很难入手，因为不明确目标，就不知道该往哪个方向使劲。

领导角色定位不清晰

绝大多数公司没有按照不同层级，清晰定义领导者的角色定位，更不要说有领导角色画像了。组织对领导者的要求往往聚焦在财务结果及运营要求上，涉及领导工作成果的还不多。因此，在评估绩效时，要想评估领导，也非常困难。

如何快速高效地明确领导角色定位呢？我们在第八章演示了如何依据领导梯队模型制定领导角色画像；以及如何通过比较领导者的实际工作和领导梯队某个角色的要求，领导者的直接上级与直接下属的实际工作和领导梯队某几个角色的要求，来进一步打磨完善。鉴于大部分的成长需要"在干中学"，有了领导角色画像，领导者就能精准把握角色定位，有的放矢地提升自己。

如何用好绩效圈

如前文所述，领导角色画像不是看上去很美，但用起来很难的抽象概念。领导角色画像是基于领导梯队模型，能帮助企业快速明确各个层级领导角色定位的高效工具。领导角色画像与绩效圈相结合，能帮助企业破解绩效面谈的老大难问题。

关于绩效面谈，从旁观者的角度更能看出问题。不信可以找六家公司的六位领导，问问他们对"做好领导工作"怎么看。尽管他们个个都真心实意地想把这项工作做好，但是估计他们的回答会是见仁见智，各不相同。即便是角色定位明确，相应的工作理念、时间分配及领导技能也很清晰，不同的领导面对同样的职责要求时也会采取不同的工作内容，产生不同的工作结果。

领导角色画像很重要，否则无法清晰定义领导的职责和要求。但光有领导角色画像还不够，为此我们基于领导梯队模型开发了绩效圈工具，以高度可视化的方式，一眼可见当前业绩表现：存在哪些差距，还需哪些提升。通过绩效圈工具，即便没有绩效评分，也能做好绩效评估；而且相对威胁性较强的绩效评分，绩效圈这样的示意性表述在绩效辅导对话中更能对员工起到激励作用。在实际应用中，领导不妨请下属在会前依据他们自己的领导角色画像先做个自评。

绩效圈怎么用呢？先看圈，再看线。圈里的是本人的工作职责；圈外的是他人的工作职责。圈里的每条线代表着某项工作职责的完成度。如果各项工作职责都完成较好，就取得了全面绩效，即图 10.1 中左侧的样子——全面绩效。绩效提升的目标是达成全面绩效。通常的状况是右侧的样子——非全面绩效，即有些完成得较好，有些还存在差距。

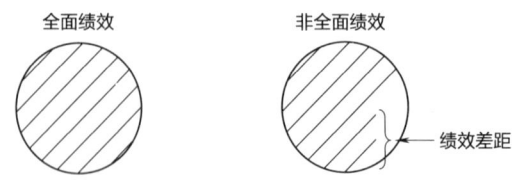

图 10.1 两种绩效结果：（1）全面绩效；（2）非全面绩效

接下来，看图 10.2 中的两个圈。左侧的是卓越绩效：圈内实线部分是全面绩效；圈外虚线部分代表在岗位职责要求之外取得了额外的工作成果。天下没有免费的午餐，企业也是一样。这样的员工往往能力很强，已超出了目前领导岗位的要求；他们通常不满足于现状，很容易受到猎头的感召。要想留住这些人才，需要跟他们认真谈谈个人的未来发展。

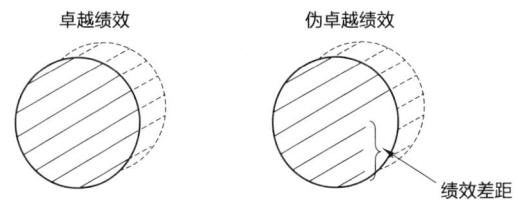

图 10.2　另外两种绩效结果：(3) 卓越绩效；(4) 伪卓越绩效

图 10.2 中右侧的是伪卓越绩效。这种情况很有欺骗性：从圈外虚线部分看，领导者同样在岗位职责要求之外取得了额外的工作成果；区别在于他们忽略了本职工作，在该做的事情上存在绩效差距。对于这种情况，在绩效辅导对话中要明确岗位职责及工作要求，如有认知偏差，要及时纠正；如有好高骛远的苗头，要注意提醒。

以上四种绩效结果，对各层领导及员工的绩效评价及沟通都适用。做得好的，还有差距的，都一目了然。

图 10.3 展示的是如何把绩效圈工具用于领导人才培养及领导梯队建设。四步法如下。

第一步：非全面绩效（刚进入新的领导角色）；

绩效缺口

第二步：全面绩效（通过一段时间的努力）

第三步：卓越绩效（有余力承担更多）

第四步：非全面绩效（刚接手挑战更大的工作任务，或被晋升到下个领导角色）；

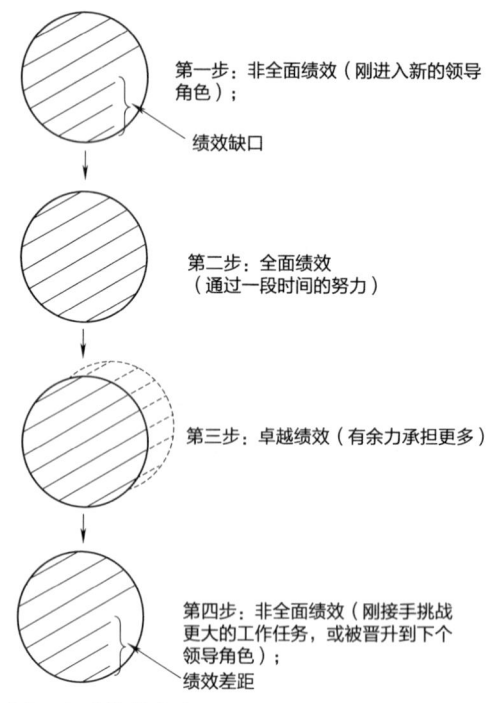

绩效差距

图 10.3　在领导人才培养中应用绩效圈工具，明确成长要求

第一步：刚进入新的领导角色，对照该角色的职责要求，新任领导者肯定存在绩效差距，因为很多工作还没开始干。要想成功，新任领导者需要学习与该角色对应的工作职责、时间分配和领导技能，完成该角色必需的转型升级。学习成长需要时间，初来乍到不可能一下子就做到十全十美。

第二步：绩效差距为领导的成长指明了方向。通过一段时间的努力，辅之以反馈、培训等方式，逐步实现全面绩效。

第三步：对于能够实现全面绩效的，要考验他们是否真的有余力承担更多职责,能否实现卓越绩效。

第四步:对于能够做到卓越绩效的,要让他们挑战更大的工作任务,或晋升他们到下个领导角色。当他们进入新的领导角色,预计也会出现绩效差距,这就回到了第一步。

要想用好领导人才培养的"四步法",以下三点共识非常重要。

刚进入新的领导角色,一定会有绩效缺口

不管过去多成功、能力多强,刚进入新的领导角色,出现绩效缺口是不可避免的。在这个时候,新任领导者最需要帮助,绩效辅导对话最有必要。一旦接受此时出现绩效缺口是正常现象,就可以引导新任领导者开始学习成长之路,依据领导梯队模型,明确本角色必需的工作理念、时间分配、领导技能的转型升级,并给他们提供所需的培训及指导。与此同时,新任领导者也要对存在绩效缺口有充分的理解和认知,要愿意成长提升,尤其是要保持开放,愿意放下过去那些让他们取得成功的工作内容、工作方法及工作理念。

培养必须持之以恒,直到实现全面绩效

部分达标还不够,每个人都要以实现全面绩效为目标。要想对此达成共识,必须将其上升到组织认知的高度,要把帮助各级领导成长提升、助其实现全面绩效,视为重要的战略投资,视为企业的竞争优势,而不仅仅是人力资源领域的某个概念。

实现全面绩效后，应考验其是否有余力；如果有，可考虑晋升

所谓有余力，是指此人已能在本职工作中实现全面绩效，而且能承担更多职责或进入下个领导角色。如果经过考验发现确有余力，可考虑加快晋升步伐。如何考验呢？不妨给这些已实现全面绩效的人分配一些下个领导角色的工作职责，看其能否接得住，看其承担更多职责后的绩效结果究竟是图 10.4 中的哪种情况。如果还能取得卓越绩效，那么可考虑提拔，让其承担更大的工作职责；如果不能，就需要在原岗位上继续历练。如果带病提拔，不仅很难成功，也不太可能挽救。

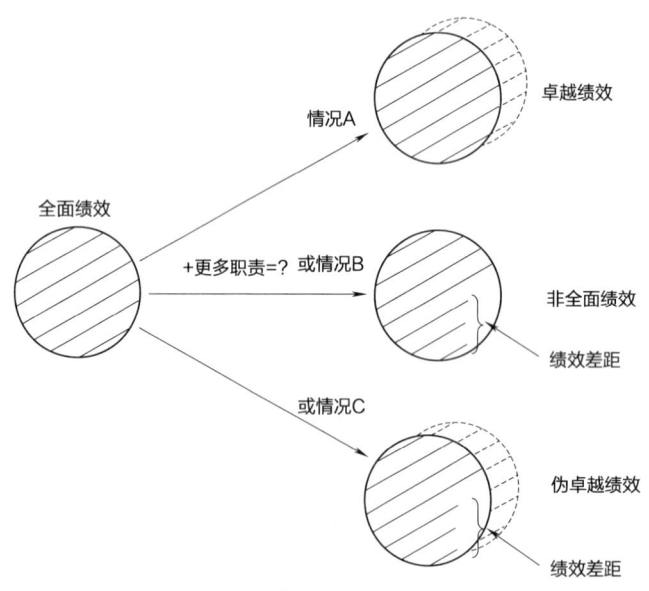

图 10.4　实现全面绩效后，考察发展潜力的方法

资料来源：领导梯队学院版权所有

要想用好绩效圈，需要领导与下属进行高频互动；随着绩效差距逐渐缩小，互动频率会逐步降低。如何开启绩效辅导对话呢？最好的方式莫过于待下属基本适应角色后，请他用绩效圈的方法做个自评。基于自评及双方的沟通，可以就目前的绩效情况、近期的成长目标以及所需的帮助支持达成共识。如果下属心生倦怠或去意，这样的对话也会帮领导者洞察早期端倪。

帮助每位员工尽快做到满足工作要求，对员工、对领导、对企业、对客户都是好事。如果领导说自己太忙，忙到没时间跟下属进行这种对话，那么很可能是他们自己还没完成本角色所需的转型升级，还在错误的角色中工作。员工的默默躺平、职业倦怠、心生去意等，都不是突然发生的。如果领导能让下属知道自己很关心他们，但他们的工作还存在绩效差距，下属就会知道事情的真相以及努力的方向。

如何实现全面绩效

要想各级领导都实现全面绩效，要想打造强有力的领导梯队，光靠常规的培养方式还不够，还要能够挖掘根因，从人到事看看究竟是什么妨碍了全面绩效的达成。找到根因，看到堵点及卡点，才能从根本上解决问题。找准根因并不容易，不仅需要领导与下属间的大量沟通，还需要深入具体场景具体分析。

领导要为下属的成长负责。面对下属的绩效差距，每位领导都责无旁贷，都应该担起发现问题、解决问题的职责。打个不恰当的比方，设想有一家绩效优异的工厂，它一定会以卓越运营为目标，一定会严格衡量投入和产出，一定会认真培训操作人员、精确衡量其作业情况，一定会在技术支持及培训等方面有大量投入。当然，这个比方也许有点过，毕竟相比工厂的投入产出，与领导力相关的各种问题及其原因不那么简单直接、显而易见。然而，道理上两者是相通的：企业如果真以实现全面绩效为目标，就得认真做好培训及评价，这对任何组织的梯队建设都很有帮助。

关于如何实现全面绩效，如何打造良将如云的领导梯队，以下四种策略非常有效。

策略1：从领导者开始，而不是其下属

在继任规划培训中，我们曾邀请学员用绩效圈工具评价下属的绩效情况，然后再请他们列出导致绩效差距的原因。令人惊诧的是，竟然75%的原因都与领导者相关。比如，领导在错误的层级工作、管得太细、沟通得太少等。我们不是说领导是所有绩效问题的原因，而是说要想帮助各级领导实现全面绩效，应当从领导自身着手。

领导必须反躬自省，想想自己做了什么（或没做什么）导致妨碍下属的绩效及成长，以及应当如何改正。对此，绩效圈能帮你发现自身存在的问题，详见图10.5。

管得太细
（在错误的层级上工作）

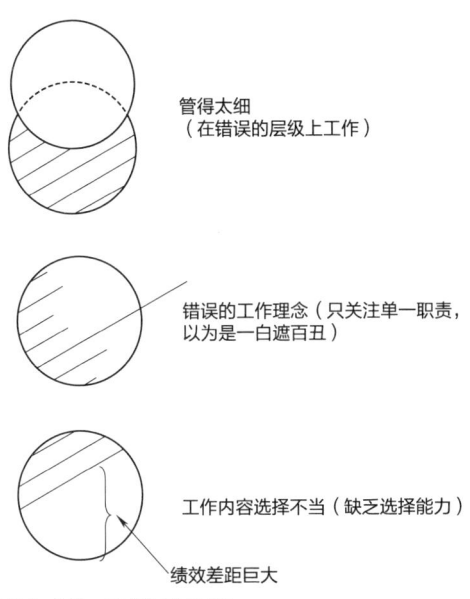

错误的工作理念（只关注单一职责，以为是一白遮百丑）

工作内容选择不当（缺乏选择能力）

绩效差距巨大

图 10.5　领导造成的下属绩效差距

资料来源：领导梯队学院版权所有

与此同时，领导掌控之外的组织因素也可能造成绩效差距。其中较为常见的是：

- 组织架构不合理。不必要的职责重叠，常见于矩阵式架构。
- 绩效要求不够高。容忍低绩效的组织文化，做到"还行"就可以了。
- 工作安排不科学。明确了工作职责，也做了职责分工，但有些环节没必要，有些根本不可行。
- 业务流程不给力。没有业务流程或流程支离破碎，相关关键人都没有参与，不可能实现全面绩效。
- 责任权力不匹配。光担责任，却没授权，是个由来已久的问题。
- 人员配置不支撑。招聘人员时，缺乏对岗位需求及候选人情况的细致分析，就会出现这个问题。

这些领导及组织层面的因素，会导致员工绩效差、敬业度低、人才流失率高等一系列问题。对此，一定要高度重视。

策略2：确认领导者转变工作理念

真正转变工作理念并不容易。刚到新的岗位，刚开始接触新的环境，绝大多数人都会对自己的行事风格进行短暂的调整。千万不要被这些初期的表象迷惑，认为这就意味着其工作理念已经完成了转变。尝试总是容易的，坚持才是困难的。各级领导工作理念的真正转变，是支撑组织领导梯队的基石。没有真正的理念转变，就不会有持续的行为改变，更不会有成功的转型升级。

工作理念的改变也要落到行动上。比如，领导者愿意更新对自身角色定位的认知，愿意调整时间分配，愿意改变自己解决问题的方式（或是调整自己亲自上手的侧重点），愿意接受新的技能提升要求等。

不少领导都会说自己愿意授权，给下属更多自由度；还会说自己愿意放下具体工作，完成从执行者到整合者的转变。除非有明确的证据表明，他们的行为真的发生了实质性的改变，且能长期保持下去，否则还是口惠而实不至，工作理念估计还是没有真正转变。那么具体如何确认呢？以下四种方法供你参考。

问其下属

关于领导者有没有做好领导工作，其下属最有发言权。不仅要问其直接下属，还要问其下属的下属，因为这可以顺便印证继任规划做得如何、激励分配是否合理、在员工敬业度及人才保留方面有没有提升。不妨问下属几个简单的问题。

- 工作进展如何？
- 你在工作中获得了哪些帮助？
- 什么会妨碍你达成绩效？
- 你觉得公司怎么样？
- 你对自己的未来怎么看？

这些开放式的问题能让你了解，在下属眼里，这位领导究竟是在帮忙，还是在帮倒忙。让向下两层的下属评价其领导，也许不能解决多少问题，但其价值在于能帮你发现更多的问题。

做个复盘

无论成败，做个复盘；提些问题，当事人的回答也能帮你做判断。比如，如果某位员工没能按期交付某项目，就可以问："关于按时交付能力，我们学到了什么？""你认为，我们应该怎么做?"如果这时其领导开始说自己没时间,而该领导所处的角色对授权团队完成工作又有明确要求,那么很明显,该领导的理念转变还没有完成。

看其日程表

通过日程表,不仅能看出时间分配及优先级,还能体现工作理念。如果该领导的会议很多,就要了解这些会议的目的是什么,要做的决策有哪些,谁是决策人。这些会议及决策与该领导所处的角色是否匹配?会不会是该领导把大量的时间浪费在了本该下属做的工作上?

认真听其对下属的评价

如果所有评价聚焦于单一维度,比如运营结果,你就知道该领导在理念上也只重视这一件事。各级领导都要做到全面绩效,在不同角色需要完成不同的理念转变。不管怎么样,如果只关注单一维度,则表明该领导的理念还停留在上个角色。

从工作理念的角度,仔细看其提交的工作计划

工作计划最能反映领导者的关注重点。哪里讨论得最细,哪里篇幅最长,哪里花的心思最多,这些线索都能揭示其工作理念。如果工作计划做得浮皮潦草,思路不清晰,假设也有错,则表明该领导对此不重视。工作计划的重要性不言而喻,各级领导都得做好。工作计划做得不好,也可能是能力问题,但根源还在工作

理念上的不重视。如果重视，就会寻求帮助，就会确保做好计划。

策略3：支持领导者完成转型升级

如前文所述，领导者进入每个新的领导角色都是一件大事，都需要完成转型升级。组织需要帮助领导者深刻认识到这一点，否则其转型升级很容易浮于表面，甚至被忽略。要想成功转型升级，组织支持的一种方式是为新任领导者打造一个为期六个月的入职流程，并通过结构化的方式帮助他们理解自己新的角色定位。在这个过程中，有很多工具系统可供选用，但最关键的成功要素还在于该新任领导者的直接领导要花时间和精力与其沟通新岗位的职责及要求，并帮助其完成转型升级，达成工作成果。

此外，还可以通过行动学习及转型培训帮助新任领导者。转型培训要兼顾工作理念、时间分配及领导技能。我们讲的行动学习，旨在帮助学员完成自己的领导工作，而不是情景模拟、虚构作业或理论课程。

策略4：发现绩效差距，要立即处理

领导者的绩效差距，会让其成为组织领导梯队的堵点；对领导者的绩效差距置之不理，立刻就会让大家知道其实公司对领导人才发展也没那么重视。如果领导者在错误的层级上工作，却没受到什么处罚，会对整个组织的梯队建设产生不良影响，而且波及面很广。

比如，如果中级经理人干了其直接下属（初级经理人）的部

分工作,那么其下属就成了有名无实的领导者。这么做会带来以下结果:

- 初级经理人会对自己的角色定位及工作职责形成错误的认知。如果他们今后得到晋升,有了下属,那些下属也会受到这种错误认知的危害。
- 中级经理人干了下属的活,忽略了自己的本职工作,只有他们的直接领导可以帮其补位。这么一来,其直接领导也被迫向下一层,干起了下属的部分工作。
- 在继任规划时,大家会认为某位初级经理人任职五年都表现出色,应该被晋升为中级经理人。但事实上,由于其领导(中级经理人)干了他的部分工作,他从未真正独立担任过领导者的角色。这样的晋升决策也是有失公允的。

做好育人,有助留人

面对人才争夺战,仅做好招聘还不够。随着各家企业对人才的持续挖猎、技术人才的日益短缺,以及员工对工作及职业发展态度的变化,每家企业都越来越关注人才保留。对此,薪资及晋升当然重要,但我们发现企业在领导人才培养方面的投入也很重要。人们通常更愿意留在能帮助自己成功、学习及成长的企业。如果企业愿意帮助各级领导实现人才成长提升、实现全面绩效,那么在他们决定去留时,会加分不少。人才培养需要全心投入。

- 人才培养需要因材施教。无论是业务一把手,还是初次走上领导岗位的领导者,企业愿意帮助大家成长,体现了组织对每位领导者的关心及信心。
- 学习成长让人身心愉悦。当今时代,大多数人不再追求一成不变的生活,舒适和安全已不再是人生目标。各级领导人才都渴望快速发展。学习与成长的良机还能帮企业吸引极具才华、雄心勃勃的人才。
- 人才培养的过程是种非常特别的互动。身处其中的领导者常常能获得他人对自己的关注及有价值的反馈。
- 人才培养是企业给员工的终极福利。一旦送出,虽不能收回,但会带来多种形式的回报。

此外,如果缺乏有效的领导人才培养计划,还会直接导致人才流失。未经培训的领导往往会干起下属的工作,这不仅会妨碍下属成长,还会示范错误的工作理念。诸如此类的事情一多,肯定会让下属很不爽,难免心生去意,尤其是最有才华的那些下属。而最有才华的人,通常也最渴望学习成长。

当然,并非所有领导人才培养项目都是留人利器。只对领导力泛泛而谈,不区分领导梯队的不同角色,对领导者提的要求过高,没准还会起反作用。如果企业能够针对各领导角色的具体情况,切实帮助各级领导者消除绩效差距,实现全面绩效乃至卓越绩效,那么领导者留下的概率会显著提升。

第十一章
用于特殊角色，支撑新型组织

过去十年，企业组织发生了很多改变。越来越多的变革需要知识工作者来完成，越来越多的企业开始采用矩阵式组织、敏捷型团队、扁平化架构、动态岗位调整、向下授权机制等举措，以便知识工作者在一线能更快地按需调整。加强决策授权、缩短沟通链路、优化资源配置、创建跨职能团队、去除官僚作风等，已成为组织提效的常规手段。

这些组织变化自然会影响领导者的角色。比如，某位领导，在不同项目组，这次带团队，下次也可以当组员；今天还在某职能条线，明天就可能被调去负责某跨部门项目。此外，在矩阵式组织中，领导者还需要学会与其他部门的其他领导分享权责，这在以前是不需要的。

在这些组织变化中，企业越来越意识到：新型组织需要新的领导角色的支撑，领导梯队模型通过明确工作职责、拆解转型升级（工作理念、时间分配及领导技能），帮助领导者成长提升的方法，对新的领导角色不仅同样很适用，而且仍然很重要。在从传统组织向新型组织转型的过程中，有些企业遇到了一些困难，不知道具体如何应用才好。

如果你也遇到了类似的情况，我们有两个好消息要告诉你：第一，领导梯队模型能适配任何领导角色；第二，本章会针对有些企业觉得比较难的特殊领导角色，运用领导梯队模型打个样。这些只是示例，重要的不是这几个例子本身，而是灵活应用领导梯队模型的方法。希望能对你有帮助。

针对特殊领导角色应用领导梯队模型，要做好三件事：

1. 梳理领导角色。

2. 针对每个角色，明确工作职责。

3. 针对每个角色，拆解在工作理念、时间分配及领导技能三方面需要完成的转型升级。

需要大家注意的是：本章涉及的这些领导角色在不同企业很可能有不同的职务名称、职责范围及工作内容。因此，本章针对各个角色所阐述的工作职责、工作理念、时间分配及领导技能只能是强调重点，无法涵盖每家企业的所有要求。在实际应用领导梯队模型时，还得结合企业具体情况具体分析。

项目负责人

为了开发交付大型复杂产品或服务，有些企业会从各个职能部门抽调骨干,组成全职的临时项目组。在项目存续期间,项目组成员通常需要暂时向该项目负责人汇报,此人则需要对项目最终按时、按质、按预算交付负全责。在这个过程中,组员们往往会感受双线汇报的压力,而且两边领导的诉求往往很不一样。比如,职能领导很可能希望其参加某个重要的技术会议。

此外,还有些企业历来采用的就是项目制运营模式,比如建筑、航天、投资银行等。

案例研究_

能源行业项目制的大型国际企业

有一次,我们应一家能源行业的大型国际企业的邀请,与其排名前 60 位的高管交流探讨。该公司的主营业务是帮客户完成大型能源项目从设计、建造到运营的交钥匙工程,项目周期通常为三四年;同时在建的项目很多,80% 的员工都在项目上。因此,该公司采取了项目制运营模式、矩阵式组织架构,在项目上的员工既向项目负责人汇报,也向职能负责人汇报。

该公司遇到的问题是人才保留,目前一线专家及项目负责人流失严重。在离职访谈中,常常听到员工这样的吐槽:"理论上,我有两位领导,职能经理及项目经理;然而

> 事实上，根本没人管我、关心我。你看，我95%的时间都在项目上，然而职能条线那边几乎不知道我在干什么；项目经理这边只在乎项目进度，根本不关心我的个人成长及职业发展。"
>
> 该公司之所以邀请我们，是因为他们觉得领导梯队模型很有意思，但并不认为这能帮到他们，因为项目经理及项目条线负责人与典型意义上的初级经理人和中级经理人貌似很不一样。为了解决问题，我们问道："对于一线员工来说，职能经理与项目经理两位领导在各自的领导角色上有什么不同？"大家很快就达成了共识："职能经理负责储备人才，项目经理负责把人用好。"

职能经理与项目经理的分工通常是，职能经理负责对外招聘人才，对内配置人才，并做好绩效评估及人才培养工作；项目经理负责把人用好，把项目做好。绝大部分项目制企业也是如此。在这种分工下，领导者的工作职责由两位领导分担了，项目经理负责业务工作，职能经理负责领导工作，于是造成了领导梯队模型不适用的印象。

其实，这种对两者职责分工的错误认知，恰恰是导致各种问题的根源。大家都知道企业人才培养的"721法则"，即10%的学习成长源自正规培训，20%源自上级辅导，70%源自在实践中面对挑战，战胜困难，逐步成长。因此，最重要的学习成长还是

"在干中学"。从这个角度看,职能经理不参与项目日常工作,不了解员工在项目上具体做了什么、做得怎么样,怎么可能做好人才培养及绩效评估呢?真正了解情况的人不是项目经理吗?沿着这个思路,还可以继续追问;但其实不用继续追问,结论已呼之欲出:针对职能经理及项目经理的传统职责分工,本身就是问题。

于是我们依据领导梯队模型对初级经理人的要求,重新梳理了职能经理及项目经理这两个领导角色的职责分工。事实上,不管企业采取何种运营模式,组织对初级经理人的领导职责要求是不变的;区别只是在出现双线汇报时,两位领导者如何做好分工。

针对上述实战案例,我们从一线员工的视角,梳理并明确了两位领导的角色定位及职责分工。表11.1是脱敏版示意图。虽有简化,但主旨不变,即在项目制运营模式下,职能及项目经理的确有不同的角色及分工;企业应当通过明确的要求及简便的流程,确保双方有正确的认知,有坚决的执行,有良好的沟通互动及相互支持。

表 11.1 职能经理与项目经理的职责分工

主要工作职责	职能经理	项目经理
指明方向	定义职能标准、宣贯文化价值观	定义项目目标、明确工作重点
赋能团队	安排项目人员,确保能全职投入	分配具体工作,给予必要授权
培养下属	制定长期发展规划及短期提升目标 提供职能相关专业的学习机会及辅导	基于员工发展规划及在项目上的实际表现,提供反馈辅导

（续表）

主要工作职责	职能经理	项目经理
跟进业绩	与项目经理沟通，了解项目实际表现 与员工进行正式的绩效面谈	基于项目实际表现，给员工绩效反馈 与职能经理沟通，结构化地反馈员工在项目中的实际表现
识人用人	对外招聘人才，对内按项目需求配置人才；确保人才多元化	与职能经理沟通长短期人才需要，细化到类别及能力要求
团队建设	要为直接下属营造团队归属感	打造高绩效项目团队，提升每位团队成员的参与感

后来，该公司为职能经理及项目经理构建了不同的领导角色画像；项目经理后备人才不仅要参加项目经理相关培训并获得认证，还要与职能经理一起参加领导者转型升级的相关培训，为他们将来必要的沟通互动及相互支持做好铺垫。

还要补充一点：在全面应用领导梯队模型时，企业在构建领导角色画像的过程中，关于工作职责不能只看这些领导现在正在做什么，还要问："这些领导应该对什么负责？"即便是想从描述现状开始，也要认真思考这个问题。这才是真正的价值所在。

敏捷组织中的领导角色

2010年左右，随着敏捷组织的逐步流行，一批新的领导角色涌现出来，比如部落（tribe）、分部（chapter）、战队（squad）、产品（product）、人才（people）负责人等。5~10年前，企业开始试水敏捷组织时,通常会先从信息技术部门开始,然后再推广到其他部门;而且虽然全司采用的是领导梯队模型,但先行先试的部门会选用其他工具方法。要是把领导梯队模型简单等同于第一章描述的那几个典型领导角色,这么做也情有可原。时至今日,大家已充分认识到,领导梯队模型的基本原则及框架体系不仅能支撑敏捷组织,而且其强调的在工作理念、时间分配及领导技能三方面的转型升级,对敏捷组织中的各类领导者也很重要。

在服务敏捷组织的过程中,我们发现不同企业会采用不同角色类型及不同职位名称;具体用什么,不仅取决于企业的规模及成熟度,也取决于其选用的咨询公司。为了说明领导梯队模型如何支撑敏捷组织,这里将以图11.1所示的敏捷组织为例,聚焦敏捷组织中的三个常见领导角色。也许这与每家公司的情形并不完全一致,但希望对你能有所启发。

战队负责人

战队负责人要对所辖战队的整体工作负责,确保按时、按质交付。从工作成果交付的角度看,他们向部落负责人汇报。

战队负责人需要制订工作计划,搭建自组织团队,成功的关键在于找到并用好能够自我管理的团队成员。对于他们,战队负责人不能搞强管控,不能管得太多太细,而只需在他们遇到问题时,帮他们优化工作计划,解决具体问题,或组织团队共创。

虽然战队负责人也应当鼓舞团队,给予反馈辅导,但并不承

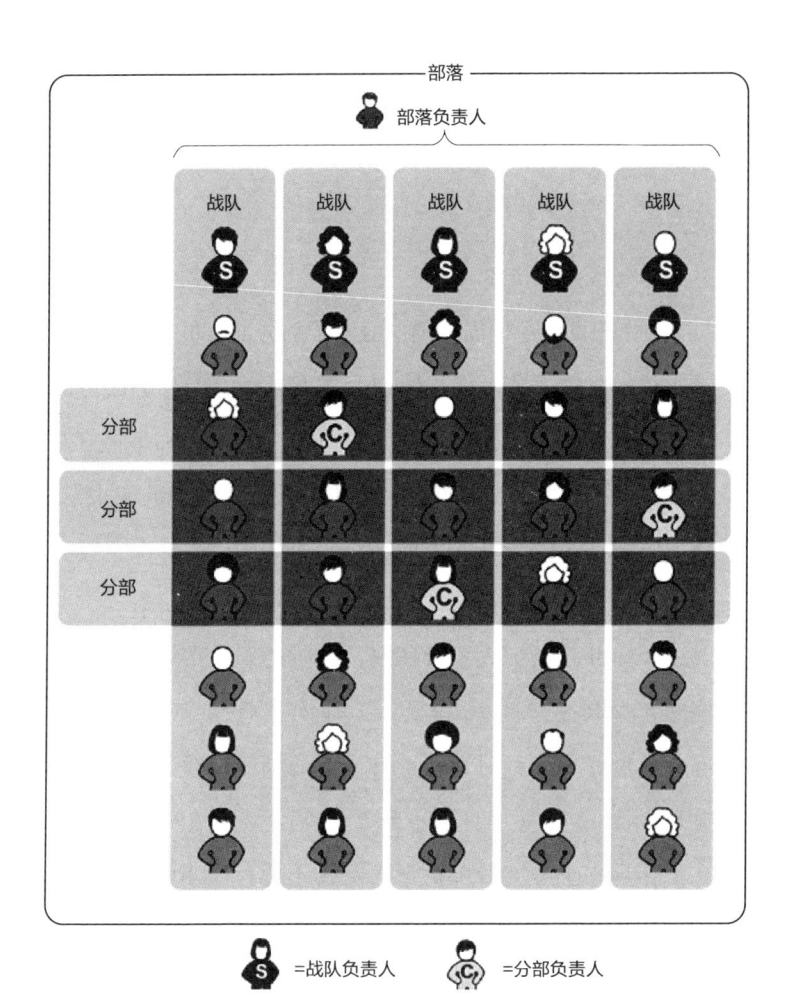

图 11.1　敏捷组织示例

资料来源：领导梯队学院版权所有

担传统意义上初级经理人的所有工作职责，比如绩效评估及人才培养。这是分部负责人的工作，他们需要与战队负责人密切沟通，充分了解分部所辖的每位团队成员的工作表现及提升需要。

分部负责人

对于加入战队的分部成员，分部负责人要更多地承担起初级经理人的工作职责。他们需要确保战队上的分部成员有能力、有工具，能做好相应的战队工作。他们一方面要做好对分部成员的培养，包括培养未来的战队负责人；另一方面还要有策略地做好对外招聘，确保所辖分部持续提升，从而更好地支撑组织的未来发展。

在绩效评估及人才培养方面，对于战队成员，分部负责人需要向战队负责人及其他相关方了解情况；对于战队负责人，分部负责人还要向部落负责人了解情况，听听他们的反馈意见。深入了解情况，听取各方意见，很重要。唯有据此，分部负责人才能为分部成员做好更有针对性、更有价值的绩效反馈、工作安排及培养提升。

从工作理念上看，分部负责人要真正把自己当作领导者，担负起领导职责；要高度重视人才培养，并乐见其成长；还要为各个战队做好人才输送，帮助大家成功。

从时间分配上看，分部负责人除了做好各项领导工作，还会加入战队，与其他战队成员一起并肩作战。

图11.2是某客户实例，以此说明分部负责人的主要工作职责及具体工作内容。

主要工作职责	具体工作内容
培养分部成员	· 为分部成员制定明确的成长目标 · 给分部成员提供以事实为依据的、有建设性的反馈辅导 · 坚持辅导培养，帮助下属成长，并将之视为领导者的职责所在
跟进分部成员业绩	· 定期向部落及战队负责人了解分部成员的工作情况 · 以事实为依据，给分部成员做全面的绩效评估 · 遇到绩效问题及时解决，绝不任由其放大升级
选拔分部成员	· 选拔分部成员时，不仅要看个人能力，还要看对团队整体的贡献 · 对持续不能达成目标的分部成员，要敢于决策，主动更换 · 选拔分部成员时，还要看其是否有潜力胜任多种角色
建设分部团队	· 鼓励团队合作，创造包容协作的团队氛围 · 鼓励坦诚沟通，创造开放信任的工作环境 · 确保分部团队的多元化
做好组织协同	· 适时与部落负责人汇报预期之中的日常工作上的困难障碍 · 适时向自己的直属领导汇报预期之中的战略发展上的困难挑战 · 与其他分部负责人分享人才工作方面的最佳实践

图 11.2　分部负责人的工作职责

资料来源：领导梯队学院版权所有

部落负责人

部落是由一系列目标相连的战队组成的。部落负责人要确保其所辖部落能真正为客户创造价值。为此，部落负责人要做好整体规划，思考该做什么，该怎么做；要按需灵活组建战队，调配预算；还要明确职责分工，对内厘清各战队的工作边界，对外理顺各部落的协同关系。

从汇报关系上看，部落负责人没有传统意义上的直接下属，所辖战队如有用人需求，得通过分部负责人协调安排。尽管如此，打造部落文化仍是部落负责人的工作职责。

此外，部落负责人通常需要全职做好领导工作，不会参与具体产品开发及客户服务。

要想成功,部落负责人必须有很强的经营意识,懂得如何制定业务目标,如何在各战队间明确轻重缓急,如何提高盈利水平。此外,部落负责人还需要很强的战略意识,跨职能协同意识;在工作理念上,要重视领导协调工作,要学会通过战队完成工作,通过上下游协同取得成功。

图11.3是某客户实例,以此说明部落负责人在工作理念、时间分配及领导技能三方面所需的转型升级。

工作理念
- 通过战队完成工作
- 通过上下游协同取得成功
- 敢于直面模糊性
- 坚持价值观引领

时间分配
- 制定年度规划
- 做好资源配置
- 明确职责分工,对内厘清各战队的工作边界
- 明确职责分工,对外理顺各部落的协同关系

领导技能
- 打造部落文化
- 选拔战队负责人及战队成员
- 评价战队负责人及分部负责人绩效
- 建设多元包容的部落氛围
- 加强经营意识

图11.3 部落负责人的工作理念、时间分配及领导技能
资料来源:领导梯队学院版权所有

通过上面对敏捷组织中的三个常见领导角色的分析可以看出：即便是在敏捷组织中，领导者的工作职责也没有消失，只是分担该职责的角色及方式有所不同，对自组织团队的依赖更强。

这些年，我们看到有些大型企业在推动敏捷组织转型时步履艰难。刚启动时，通常是群情激昂、欢欣雀跃，但很快各种问题就会出现，各种挫败及手足无措就会萌生，分部及部落负责人尤为如此。特别是在那些不太重视组织转型配套支持工作的企业，这种情况非常普遍。有些连基本的选拔及培训都没做好，以致那些走上关键领导岗位的领导者对自己的工作职责，对如何看待领导工作、如何分配时间做好领导工作等关键问题还不太清楚。打无准备之仗，对个人、对组织，都是消耗。

再次强调，要想用好领导梯队模型，必须做好三件事：(1) 梳理领导者的角色定位；(2) 针对每个角色，明确工作职责；(3) 针对每个角色，拆解在工作理念、时间分配及领导技能三方面所需的转型升级。只要做好这三件事，你就会发现，领导梯队模型能有力支撑各种大型敏捷组织。

外包人员负责人

我们服务过多家大量依赖外包人员的企业。在当前市场环境下，越来越多的传统企业把外包人员视为全职员工的有益补充。因此，在企业梳理领导角色时，不能只看传统组织架构，即全职员工的部分，还要把大量外包人员考虑进去。

案例研究_
大量使用独立销售代表的保险公司

我们曾服务过一家传统保险公司，除了7000名全职员工，该公司还有上万名销售代表。这些销售代表不是全职员工，而是跟公司签署了销售协议的独立外包人员，收入来源主要靠销售佣金。

几年前，该公司根据当时的组织架构，全面应用了领导梯队模型，但效果不太理想。于是他们找到我们，想看看怎样才能把领导梯队用好。深入分析后我们发现，该公司在梳理领导角色时，只是依据组织架构，从全职员工的维度看领导有没有直接下属：如果没有，就归类为个人贡献者；如果有，就是领导者。

这恰恰是问题的症结所在。其实，该公司销售条线的大部分个人贡献者都带着10~15位独立销售代表，即外包人员，负责某个城市或地区的销售工作。从这个意义上，他们其实是地区销售经理。虽然没有正式的领导岗位及领导职责，但他们必须通过独立销售代表完成工作，其创造价值的关键在于帮助独立销售代表成功。之所以没把他们视为领导者，是因为公司希望在全职员工与外包员工之间保持一定距离，以免这些外包人员在法律上被认定为全职员工。

我们的想法,也许你已经猜到了:职位名称并不重要,叫地区经理或初级经理人都可以;关键在于领导者的工作职责,该做的必须有人做。

在该公司的具体工作场景中,即便有了地区经理的头衔,面对独立销售代表,有些初级经理人的职责,地区经理也的确做不到。比如,他们无法决定每位独立销售代表的工作时间及工作重点,不能强推个人发展及团队建设等。但能做的,还有很多;而且要想业务成功,这些也都是必须做的。

那么负责独立销售代表的地区经理的领导工作职责有哪些呢?表11.2展示的是个简化版,并与初级经理人的标准工作职责进行了对比。

表11.2　案例分析:地区经理的工作职责

初级经理人的标准工作职责	负责独立销售代表的地区经理的工作职责
指明方向	分产品、分客群制定销售目标
赋能团队	不适用;独立销售代表对自己的工作有自主权
培养下属	通过非正式的方式,帮助独立销售代表做得更好(无权强制要求独立销售代表完成产品、合规及销售培训),制订个人发展计划
跟进业绩	与初级经理人的一样,差别只是不能用全职员工的统一模板 定期询问下属状况,主动提供工作帮助 经常检查工作进展,检视下属业绩表现 遇到问题及时解决,绝不任由其放大升级
识人用人	与初级经理人的一样,差别只是不必培养他们胜任其他角色 选择下属时,不仅要看个人能力,还要看其对团队整体的贡献 对持续不能达成目标的下属,要敢于决策,主动更换

（续表）

初级经理人的标准工作职责	负责独立销售代表的地区经理的工作职责
团队建设	不适用
组织协同	与初级经理人的一样 定期向上级领导汇报工作进展 适时向上级领导汇报预期之中的困难障碍 主动协调、积极推动跨团队协作

资料来源：领导梯队学院版权所有

尽管在工作职责上，负责独立销售代表的地区经理与初级经理人有些差别，但在工作理念、时间分配及领导技能三方面所需的转型升级上，两者重合度高达80%。

最后，这家保险公司重新定义了领导角色，把这些独立销售代表的负责人正式任命为"地区经理"；虽然有20%的项目内容与他们无关，但还是将其纳入了针对初级经理人转型升级的培训项目。

与此同时，该公司还调整了这些新任地区经理上级领导的角色定位。过去，他们被视为初级经理人；但事实上，他们的直接下属是地区经理，是需要通过独立销售代表才能完成工作的初级经理人，因此他们实际上是中级经理人。他们需要学会通过领导者完成工作，帮助地区经理取得成功。由此可见，领导梯队模型系统性极强，能帮企业全面梳理领导角色及职责要求，还能帮企业见微知著，由点到面地发现并解决各个层级的问题。

通过这个例子，我们希望说明，大量使用外包人员的企业在梳理领导角色定位时，不能光看组织架构及全职员工，还要结合具体工作场景，做到具体情况具体分析。关键是要把握好不同领导角色是如何创造价值的。

资深中级经理人

在服务超大型企业时，我们发现同样是中级经理人，段位差别还是非常显著的；其中段位较高的，我们称之为"资深中级经理人"。令人遗憾的是，不少企业对他们不够重视，没有将其单独归为一类。这种忽视通常后果严重，尤其是对业务执行及继任规划。

为了说明问题，下面是某客户实例。该公司采用的是职能型组织架构，企业领导者就是业务一把手，直接下属是 8 位职能负责人；员工总人数约为 65000 人，产品开发条线有近 24000 人。产品开发条线有 6 个层级，详见表 11.3。

表 11.3　某公司产品开发条线的 6 个组织层级

岗位名称	相应人数
产品开发条线负责人	1
产品开发条线职能负责人	12
资深中级经理人	100
中级经理人	600
敏捷团队负责人	3000
一线员工	20000

最基层的两级，即一线员工和敏捷团队负责人，是按照敏捷组织所倡导的原则方法进行工作组织的。在其之上，有600位中级经理人；再往上就是资深中级经理人，也是本节讨论的重点。

起初，该公司没有对中级经理人和资深中级经理人进行区分，在领导人才成长培养和领导工作绩效评估等方面也没对两者做什么区分。但是后来，他们在人才盘点及继任规划时发现，绝大多数低段位的中级经理人是无法胜任高段位的资深中级经理人岗位的。

这是因为两者在工作职责、工作理念、时间分配及领导技能方面的转型要求差别很大，很难指望所有人都能做到两手硬，都能同时胜任这两个领导角色。

鉴于此，我们建议客户对两者进行区分，并把资深中级经理人单列为一个层级。客户的第一反应是："因为不想有那么多组织层级，所以没有做区分。"对此，我们的回应也一如既往："不是领导梯队模型要创造这些组织层级，而是这些组织层级本来就在；领导梯队模型只是在帮大家做好梳理。"

下面，让我们来分析一下中级经理人和资深中级经理人的差别。

首先来看下属人数。在该公司，中级经理人的下属通常在三五十人，资深中级经理人的下属则有两三百人。因此，这些资深中级经理人必须全职投入领导工作，无暇参与具体业务工作。要想成功，他们必须有能力设计行之有效的组织架构，有能力影响多个领导层级，成为组织运行的润滑剂。

对大多数人来说，资深中级经理人这个岗位挑战很大。他们既要对业务结果负责，又离业务一线很远，与一线领导者隔着一层，与一线员工隔着两层；他们的直接下属，即中级经理人，常常把他们视为阻碍，认为他们影响了自己直接从职能负责人那里获得决策信息。而他们的直属领导，即职能负责人，也常常把他们视为屏障，认为他们影响了自己直接获取一线信息。许多人把他们视为"绝缘层"，认为他们妨碍信息的双向流动。不论对他们有什么成见，不可否认的是他们在大型组织中，尤其是在资源配置及组织协同方面，发挥了不可或缺的重要作用；而且，未来的职能负责人就在他们中间。事实上，有些资深中级经理人自己也这么认为，除了未来获得晋升的可能性，看不到自身工作的价值。然而，这只是资深中级经理人这个领导岗位要面对的诸多挑战之一。

面对诸多挑战，企业必须做好两项工作，一是明确资深中级经理人的角色定位，二是帮助他们成长提升，逐步胜任岗位要求。

资深中级经理人要重点做好以下工作：

- 资源配置；
- 明确职责分工，对外理顺与各平级组织的协同关系；
- 选拔培养中级经理人；
- 设计组织架构；
- 制定长期人才规划；
- 为职能战略制定，提供输入。

对资深中级经理人而言，最重要的两项资源就是钱和人。他们必须不断思考各项工作的优先级，持续灵活调整其所辖各组间的资源配置。这些通常是非常艰难（非常容易得罪人）的决策，不要奢望和下属成为好朋友。从时间分配上看，他们一半以上的时间都得花在外部，协调与各平级组织及外部的协同关系；还有1/4的时间需要解决各种员工需求。

在这么大的组织里，总有各种没人管却不得不管的问题需要他们操心。此外，他们还得投入时间和精力做好长期人才规划，看看未来需要哪些能力，应从哪里招募人才，如何识人、选拔高潜。

在初级经理人转型升级的培训项目中，80%的初级经理人告诉我们：（1）组织没有明确要求他们做好领导工作；（2）关于如何成为好的领导者，大多数直属领导没有给他们提供指导和帮助。造成这两个问题的原因通常是以下三种：

- 资深中级经理人选错了中级经理人；
- 资深中级经理人没有要求中级经理人培养初级经理人；
- 资深中级经理人没有做好对中级经理人的培养。

如果不解决以上问题，组织就会面临领导人才短缺的问题。鉴于资深中级经理人掌管的团队规模，他们完全有机会做好员工培养工作。除了内部历练，还可以对外输出。资深中级经理人可以跟平级领导沟通，为高潜属下创造跨团队发展的成长机会。要把自己团队中最优秀的人输出给其他部门绝非易事，需要资深中级经理人有较高的成熟度。

集团事业群负责人

随着组织扁平化及业务聚焦化的大势所趋，本书上一版描述过的传统意义上的事业群一把手的领导角色正在逐步消失。对于某些大型综合性企业集团，这个角色还在，只是相比原来有了些变化。下面我们来探讨下。

有什么挑战

集团事业群负责人通常负责多个独立业务，比如三五个或更多。所谓独立，指的是各业务间的相互影响很小，而且每个业务有自己的业务一把手（详见第六章）。事业群负责人面临的诸多挑战都源于此。

有时还会出现这种情况，即某业务一把手在领导自己所辖业务的同时，还会有其他业务一把手向其汇报，这样一来，他们在事实上也就成了事业群负责人。

业务一把手往往很喜欢自己的岗位，独立操盘某个业务，满足感及成就感一般都会较高。业务一把手一旦成为事业群负责人，各种挑战就会随之而来，需要他们有意识地调整改变。有时，他们没有支持团队，只能借用业务或集团的。身处如此高位，他们所需的领导技能更加微妙，所做的领导工作也会更具挑战性。比如，他们时不时需要在几个针锋相对的业务之间分配有限的集团资源；需要在不影响业务一把手自主权的前提下帮助他们成长提升；需要在制定业务组合战略时，既要确保业务间的有效协同，还要识别新的业务机会。此外，他们还要以外部视角，对各业务提要求、定目标、做考核；还要以全局视角，评价各业务一把手、核心团队及其文化氛围。难怪在有些人看来，从业务一把手到集团事业群负责人的角色转变，几乎是从最享受到最乏味的蜕变。有些集团高管对我们说，之所以还在坚持，是因为这是通向企业领导者的敲门砖。

有什么收益

有的企业对集团事业群负责人的价值和潜力有深刻的认知，会让其参与制定集团战略，充分考虑全球市场机会，比如哪些区域有待发掘，哪些客群有待重视，哪些能力有待提升。此外，还会让其主导推动某项集团级的关键举措，或对外代表公司，与政府、行业及大客户建立良好互动关系。如果上述工作都能表现出色，集团事业群负责人还会在本职工作之外，分担一些企业领导者的工作职责，看看是否有接任的潜力。总之，如果做得好，集团事业群负责人不仅能获得领导多业务的宝贵经验，还能不断拓展自己，持续提升。

不仅对个人，对组织也很重要。如果没有做好准备，或是缺乏有力支持，集团事业群负责人会成为整个组织领导梯队的堵点。如果集团事业群负责人没能完成转型升级，还在干业务一把手的部分工作，那么业务一把手就得向下把职能负责人的部分工作干起来；当问题层层传导，这样的连锁反应势必会影响到整个梯队。

成功是什么样子的

从转型升级的角度看，成为集团事业群负责人与初次走上领导岗位的情况类似，都需要放下那些自己非常喜欢，且成就自己既往成功的工作。他们必须放下得心应手的具体工作，承接一些暂时的或是短期难以见效的任务；有时，他们还必须亲手打碎自己的心血之作，比如为了应对市场变化或服从集团整体业务调整，被迫关闭自己曾经执掌的业务，或大幅削减资源投入。

集团事业群负责人一定要认识到，自己必须通过他人才能完成工作，才能取得成功；业务的成功、业务一把手们的成功，就是自己的成功。真正想通这一点并不容易，尤其是对这些雄心勃勃、极其结果导向、能成为集团高管的人来说。尽管在此前的各个领导岗位，他们也需要学习授权团队、辅导下属，但这是他们第一次必须从所有的直接业务工作中抽身出来，花大量时间思考多个业务的有机组合，与集团的各方面建立良好的合作关系。就像一位集团事业群负责人曾向我们吐槽的那样："亲自带业务，是我喜欢且擅长的。当年干业务一把手的时候，工作多带劲儿。现在简直是什么都干不了，一点儿乐趣都没有。"

集团事业群负责人要想成功，必须改变工作理念，改变成功路径，必须能做到：

- 在制定决策时，能放下个人喜好，根据可能的结果，在

各业务间做出正确的决策;

- 在日常工作时,能辅导下属提升,帮其成长为优秀的业务一把手;
- 在思考战略时,能以大局为重,综合考虑多业务组合,而非单个业务战略。

换句话说,集团事业群负责人不能再只想自己负责的业务或是某个自己喜欢的业务,而是需要在多个业务间做好资源配置。这意味着必须把各个业务、各类因素、各种利弊、各方反应放在一起综合考虑,权衡取舍。比如,对某业务,应追加投资,推动快速增长;对另一业务,则重在盈利及现金回笼,为其他业务的快速增长输送弹药。放眼全球,不同地区及不同客群的增长潜力不同,需要不同的投资策略。此外,还得充分考虑华尔街及资本市场的反应。总之,相比只管一个业务,集团事业群负责人所面临的思考决策往往复杂性更高,不确定性更强。他们不仅要能自己制定战略,还要能从报上来的各业务战略中找出问题、发现机会。

对历来以骁勇善战著称的集团事业群负责人来说,要学会以如此间接、着力培养他人的方式开展工作,的确很不容易。因此,他们很容易掉进替下属做业务一把手该做的工作的大坑,不是部分甚至全面代劳,就是替下属想好了业务战略,让他们去执行。要想解决这个问题,有效克制住自己下场的欲望,就必须转变工作理念,把帮助下属成长和成功作为自己的主要工作,并在日常工作中，通过苏格拉底式的提问互动启发下属，帮助下属提升。

不少集团事业群负责人容易不自觉性地特别重视某个业务的发展情况及战略规划，这通常与他们此前当业务一把手时养成的习惯相关。局部最优往往不是全局最优，这种思维惯性危害很大。他们必须学会多维度思考，综合考虑各业务的需求、各方面的问题，最终形成一个整体方案。相比此前的领导岗位，这对战略思考及规划能力无疑提出了更高的要求。

总结而言，我们想强调的是，领导梯队模型是一套行之有效的基本原则及框架系统，能有力支撑企业的领导人才培养及组织梯队建设。无论采取的是什么组织形式，企业都可以依据领导梯队模型，梳理领导角色，明确工作职责，拆解在工作理念、时间分配及领导技能三方面所需的转型升级。通常而言，组织架构越简单，应用起来越容易；组织架构越复杂，应用领导梯队模型就越重要。

在本章开头，我们曾做过说明，即本章示例只是部分企业把领导梯队模型用于新型组织中的新型领导角色的实战经验。如果你也有类似经历，敬请与我们联系，非常期待你的分享，相信你的成功经验能帮助其他人。如果不成功，更要与我们联系，期待有机会帮你一起解决。对此我们很有信心，因为每个领导角色都可以在领导梯队模型中找到自己的位置。

重磅推荐

吴建国　张丽俊　罗伟兰

冉涛　陈为　姚琼

穿越周期，
需要坚韧的领导力

吴建国
人力资源管理专家，华为前人力资源副总裁、产品策略总监

28年前我刚进华为的时候，如果问我领导力重不重要，我会犹疑不定。因为在当时的我看来，拥有业务上的"一技之长"更重要。毕竟我自己和身边的大多数干部，都是因为在市场营销、产品研发或供应链等业务中的突出表现而被提拔起来的。如果现在问我这个问题，我则非常肯定：领导力对任何人都很重要，对干部来说，没有什么比领导力更重要。

与20多年前相比，我们所处的环境更加充满不确定性。既要面对国内外局势的复杂多变，又要面对市场竞争的残酷激烈，还要面对00后新生代的挑战。任何企业的管理者，都将面临以下三大严峻挑战。

挑战1：环境越艰难，越需要干部起到"灯塔"作用。2002年，当华为遭遇第一次负增长的时候，任正非引用克劳

塞维茨在《战争论》里的那句名言来阐述华为干部的引领作用："当战争打到一塌糊涂的时候，将领的作用是什么？就是要在茫茫黑夜中，用自己发出的微光，指引着你的队伍前进。"

挑战2：环境越艰难，越需要干部具有强大的凝聚力。顺境从来都不是试金石，当企业陷入低谷的时候，干部队伍的不团结才会集中暴露出来。要么指责对方的过错，激化内部矛盾；要么心有别念，导致队伍精神涣散。这个时候，领导力强大的标志，就是使命驱动下的组织凝聚力，只有具备"力出一孔、利出一孔"的组织合力，才能形成无坚不摧的战斗力。

挑战3：环境越艰难，越需要干部具备顽强的意志力。艰难时期，友商的日子也不好过，这个时候就看谁"气长一口"。谁能挺得住，谁就是笑到最后的胜者。就像尼采的那句话所说的，"任何不能杀死你的，都会使你更加强大"。

经过华为的磨炼和长期的咨询实践，我曾经认为自己在领导力方面水平不一般了，直到10年前读了《领导梯队》（原书第2版）之后，我才发现自己还有很大的提升空间。

首先，领导要明确自己的角色定位。之前，我们一直在帮助企业搭建干部任职资格体系或领导力模型，通行的做法就是把干部分为高层、中层和基层，明确不同层级的领导力标准，作为干部领导力发展的牵引指南和是否胜任的客观依据。这本身没有错，但在应用时会面临一些操作性难题。以初创公司为例，首席执行官既是企业的领导者，也是某项攻坚业务的负责人，还可能兼任某个重要部门的领导。这个时候，你就不能仅仅按照首席执行官的层级来硬套领导力标准，而是必须基于首席执行官所担负的角色组合来明确具体的胜任力要求。换句话说，从分层领导力模型到岗位胜任力的转化，需要先搞懂领导者角色定位的差异及角色组合。《领导梯队》恰恰在区分领导角色方面，给了我们很大的启发和帮助。

其次，领导力是认知，更是行动。拉姆·查兰作为世界顶级的管理大师，曾经是通用电气传奇首席执行官韦尔奇的私人教练和通用电气管理层的长期导师，《领导梯队》中的很多具体操作方法都经过了通用电气的长期实践并被验证有效。比如，如何解决干部梯队建设中的关键点，如何通过绩效对话帮助人才快速提高业绩，如何在重大变革项目中承担好领导角色等，书中都给出了场景化案例和实操性方案。

大家也许不知道，在IBM帮助华为之前，通用电气是华为最重要的老师。1998年筹备华为大学的时候，华为对标的正是通用电气的领导力学院。《杰克·韦尔奇自传》和拉姆·查兰的另外一本书《执行》，也是华为高管的必读书。

《领导梯队》自第1版问世至今已经20余年。一本书只有连续更新、再版，才能称得上经典。回顾我自己成长过程中的每个重大节点，管理类经典著作的启发作用无可替代。希望这本书也能助你在这个不确定的时代保持定力，走得更稳、更远。

做好领导梯队建设，
用内生动力驱动企业发展

张丽俊

创业酵母创始人
知名组织创新专家
《组织的力量》作者
拉姆·查兰管理实践奖得主

在过去40年里，中国企业大多是粗放式发展，因为改革开放的红利，很多行业从0到1阶段大多是野蛮生长。比如能源、矿产、有色金属、房地产、金融、基建等，都是通过外部的市场需求倒逼公司发展，这就是粗放式发展。

那时候，大部分企业吃市场发展的红利，时代造就了英雄。而今天，很多行业的红利没有了，这也意味着一个低效能的时代结束了。

未来公司的发展动力，需要从外部的变成内生的。不是靠外部的市场驱动，而是通过科技创新、商业创新、人才创新，以及以人为本的文化创新这些内生的力量去驱动公司再次发展。

在这种背景下，企业引进了多少卓越的人才，有没有构建优秀人才的内生机制，就成了决定企业生死的关键因素之一。

为什么人才如此重要？管理学中的一条铁律——帕卡德定律或许能很好地回答这个问题。

帕卡德定律是由惠普公司的共同创始人戴维·帕卡德提出的，大意是说：一家卓越的公司之所以会消亡，往往是因为机遇太多，而不是没有机遇。

这一定律指出，在没有招到足够多的优秀人才的情况下，任何卓越的公司都无法确保收入的持续增长和业绩长青。

吉姆·柯林斯把帕卡德的观点进一步总结为：如果一家公司收入的增长速度总是快于招募精英人才的速度，那么公司的发展不仅会滞后，而且会陷入衰落。

的确如此，人才大于战略，如果人才的轮子跟不上，业务就跑不起来。而在人才发展方面，最重要的是管理者的发展。管理者就是火车头，管理者的能力决定了公司未来的走向。所以，企业人才战略的第一步，就是构建企业的领导梯队。

倘若企业没有领导梯队作为保障，再美好的战略也是南柯一梦，是飘在天上的，无法落地。没有岗位和能力匹配的管理者，企业无法增长，也没有办法跨越到下一个业务的创新当中，是一定会走下坡路的。

通用电气的传奇首席执行官杰克·韦尔奇认为，领导梯队建设是通用电气基业长青的全部秘密。在该公司100多年的发展中，9位首席执行官都是自己内部培养出来的。所以，领导梯队的建设对企业发展至关重要。

那么，我们如何构建领导梯队呢？如果把一家公司比作一个人，那么执行战略的基层管理者是腿部，上传下达，承接战略落地的中层管理者是腰部，而制定战略的高层管理者是头部。

战略，是头部、腰部、腿部一层层打出来的，缺一不可。对公司而言，每个层级的管理者能否胜任，是否具备领导力，决定了战略能否落地和执行。

基层、中层和高层管理者，各应具备哪些能力？我根据自己20年管理所学，以及这些年管理实战落地的经验，总结出不同层级管理者的胜任力模型。

基层管理者的角色定位是思辨的执行者，目标是拿到结果。结果怎么拿，执行怎么做，是需要搭建一套管理系统的。

具体包括三大系统、七个能力。三大系统分别是：自我管理系统、业务管理系统和团队管理系统。对应的七个能力，分别是管理者的职业素养与工作习惯、定目标、追过程、拿结果、搭班子、练团队、建文化。

中层管理者的角色定位是目标的导向者，起着承上启下的作用，上要承接公司战略，做战略的落地拆解，下要一竿子插到底，优化团队内部的流程体系，保障目标的实现。

进入中层后，管理者开始从管理他人变成管理基层管理者，涉及大量的协同工作，管理半径也在扩大，这时候就要求他们必须具备复杂性思维和业务洞察力。

中层管理者也需要搭建三个系统：自我管理系统、业务管理系统（包括战略解码、系统思考、流程与制度的建立、平衡管理、业务协同等方面）和团队管理系统（使命驱动、具有影响和感召力、有成就员工的胸怀等）。

高层管理者的角色定位是公司顶层架构的设计者。他们需要制定战略，设计公司的商业模式、组织架构和资本规划，引领公司的发展。

他们需要建立一套从业务到人力、财务的企业经营系统。从这三个维度拆解下去，就需要搭建制定战略、拆目标、目标到执行、业务中台、组织架构设计、能力模型、业务 BP、业财融合、内控系统、投资系统 10 个系统。

基层拿结果，中层承上启下，高层制定战略，这就是构建领导梯队的基本逻辑。每一个层级的管理者，需要具备的工作理念和领导技能是完全不一样的。

对于这一点，在拉姆·查兰最新版的《领导梯队》一书中有着更为详尽的阐释。

在这本书中，拉姆·查兰重点介绍了领导梯队中的五种经典角色：初级经理人、中级经理人、职能负责人、业务一把手、企业领导者。并且从工作理念、时间分配和领导技能三个维度，分别对这五种典型角色做了深度分析，并给出了相应的建议。

初级经理人：他要知道如何领导员工。在这个岗位上，最大的挑战来自工作理念的转变，他必须从个人贡献者转变为一线管理者，必须把通过他人完成任务作为自己取得成功的关键。

中级经理人：他要知道如何领导初级经理人。关键的领导技能是选拔能够担任一线经理的人才，分配管理工作，评估下属经理的绩效。

职能负责人：他要知道如何领导职能部门。需要具备的领导技能是与其他部门团结协作，以及基于工作需要与其他部门争夺资源。

业务一把手：他要知道如何领导业务。重点是转变思考方式，从赢利和长远发展的角度评估计划和方案。

企业领导者：他要知道如何领导企业。最核心的转变集中在经营理念方面，而不是管理技能方面，必须学会权衡取舍，建立公司的运行机制，确保公司长期战略目标的实现。

这本书不仅介绍了领导梯队中五种典型角色的工作职责，还较为实战性地给出了领导梯队的落地策略。以我这些年做咨询管理的经验来看，这些观点有理有据，实用性特别强。这也是我推荐《领导梯队》这本书的原因。

最后，再次推荐拉姆·查兰的《领导梯队》这本书，也期望看过此书的你，能从中获得一些启发，做好领导梯队建设，使企业基业长青。

构建你的领导力发展蓝图

罗伟兰
华大集团学习发展中心执行副主任,人才培养专家

对团队管理者、高管与人力资源专业人士来说,《领导梯队》是必读经典,被视为领导力发展的圣经。在 VUCA[①] 与 BANI[②] 的商业环境中,组织的持续成功取决于其领导力发展的质量和深度。"领导梯队模型"为我们提供了一个全面而系统的框架,是关于组织领导力发展的"第一性原理"。1960 年,劳伦斯·彼得提出彼得原理——每个人趋向于被晋升到自己不能胜任的职位。如果组织不重视"赋能"员工,最终组织将损失惨重,更危险的是,这种巨大损失还是隐形的。20 世纪 80 年代"领导梯队"概念的提出,解码了不同层级领导力发展的密码,让彼得原理得以破解,组织与个体共赢。

---

① VUCA 为 volatile(易变性)、uncertain(不确定性)、complex(复杂性)、ambiguous(模糊性)的首字母缩写。——编者注
② BANI 为脆弱(brittleness)、焦虑(anxiety)、非线性(non-linear)、不可理解(incomprehensibility)的首字母缩写。——编者注

对职场人士来说，无论是走管理路线，还是走专业路线，我都建议大家读读《领导梯队》。今年是我职业生涯的第三十个年头，20多年前，我有幸进入复旦读MBA，打开了全新的商业视野，培养了全面的战略思维。在人力资源、战略规划、组织运营、市场推广与学习发展等不同专业领域的工作经历，让我拥有不同于一般HR的战略与业务视角。在讲授团队领导与职涯规划课程的过程中，我接触到大量可爱的80后、90后与00后年轻伙伴。如果你想成为优秀的职场人士，就需要了解组织中不同层级关注的焦点，需要更好地理解组织的运行规律，需要明白高管和主管可能在思考什么。《领导梯队》可以帮助你具备这样的全景视野，提升业务与战略思维，这无疑会增加你在职场的竞争优势与独特性。

领导梯队模型的核心价值在于明确了领导力发展的六个阶段，以及每个阶段的独特挑战和要求。

1. 从管理自我到管理他人：如何从优秀的个人贡献者快速转型为一线经理，带出高绩效团队。这一转型的重要性往往被很多组织低估，很多人才从一开始就错失基础的管理与领导技能。这一缺失可能随着他们的职业生涯发展而持续放大，导致组织效能的隐形重大损失与自我幸福感的缺失。

2. 从管理他人到管理经理人员：部门总监如何选拔、培养、授权与管理一线经理，如何在各部门有效配置资源，确保组织领导力的传承。

3.从管理经理人员到管理职能部门：事业部副总经理如何具备战略思维，胸怀全局，管理跨部门事务。

4.从管理职能部门到事业部总经理：如何管理复杂业务，推动事业部的发展，全面审视所有部门的作用，并处理各方面的复杂关系。

5.从事业部总经理到集团高管：如何具备全局视野，管理多个业务单元与新兴领域，推动组织战略实施，管理与培养事业部总经理等。

6.从集团高管到首席执行官：如何平衡短期和长期利益，设定公司发展方向，培育公司软实力，执行到位，管理全球化背景下的公司。

领导梯队模型与体系经过大量组织实践的验证。在我们与领导梯队学院（中国）合作的过程中，我们以产品思维对领导力项目做了基于成果价值的精心设计。围绕工作理念、时间分配与领导技能三方面延展的工具方法与五项行为实用有效，深受学员认可与好评。

在这个充满挑战与机遇的时代，领导力不仅是个人职业发展的关键，还是组织持续竞争优势的核心。《领导梯队》将是你在职场成功升级之路上的"秘密武器"。

四层站位构建领导梯队

冉涛
华为前全球招聘总负责人,资深人力资源管理专家

很久以前,我就发现管理职位有很多名称,从主管经理、高级经理、总监、高级总监、副总裁、高级副总裁、执行副总裁一直到首席执行官,可谓五花八门。这些不同的职位,除了待遇差异,每一层之间到底有什么责任区别呢?谁都想当管理者,可是管理者要担负怎样的职责呢?难道只是因为经理的资历比主管深,他就应该晋升为经理吗?还是有什么更为深层次的原因,让经理职位和主管有着本质区别呢?

为了解决这些问题,6年前,我构建了四层站位的组织体系,来系统阐述不同的领导层级之间到底有什么关系。6年来,我受到很多人的挑战,凭什么是四层?直到我读了拉姆·查兰的《领导梯队》(原书第3版),我非常兴奋,找到了真正的共鸣!在遥远的美国,充满智慧的管理咨询大师与我殊途同归,对这个组织层级的难题都给出了系统的答案。管理者职位的晋

升，带来的不仅仅是权力，更重要的是责任与义务。

这本书将管理职位分为了初级经理人、中级经理人、职能负责人、业务一把手、企业领导者五个角色。

初级经理人是从个人贡献者向领导他人转变，要克服自己撸起袖子干而不关注他人是否可以做好的问题。

中级经理人要从业务一线转变为培养初级经理人，学会评价、任务分配以及帮助成长。

职能负责人最大的挑战是从日常工作的推进者转变为职能战略的制定者与执行者，从关注短期绩效转变为长期竞争优势的获得者。

业务一把手最大的挑战是做好长短期平衡，从谋一隅胜利转变为谋全局胜利。

企业领导者要从关注技能、业务，转变为形成自己的经营理念、经营哲学。

我所总结的四层站位包括战略决策层、战略执行层、部门运营层、执行实操层，其中，执行实操层对应领导梯队中的初级经理人，对过程负责而非经营结果；部门运营层对应中级经理人，要对所负责成熟业务的绩效成果负责，但不负责创新业务；战略执行层对应职能负责人和业务一把手，在既定战略下实现突破。战略决策层对应企业领导者，能从纷繁复杂的环境中找到突破口，对未来的"钱"负责。

四层站位正好与五级领导梯队对应，且相互完善与补充。

四层站位少了五级领导梯队的每一层职责、转身挑战、时间分配、工作理念等细化内容与成长事项，五级领导梯队少了四层站位清晰的等级刻画、缺位与越位、上级授权、空降导致的高职低配、白手起家的老板难授权等中国企业的问题描述。二者相互补充，完美衔接！

同样与我的观点高度一致的是，企业领导梯队的成长过程，不仅仅是采用胜任力模型就可以了，因为胜任力模型无法区分不同等级的要求。很多企业热衷于采用胜任力模型，看起来科学，实则管理者记不住、不会用，最终变成了喊口号。

五级领导梯队的每一步晋升，一定要依据绩效评价结果，这样才能公平公正。而绩效结果的取得，需要不断提升管理者的各项能力（如我总结的四项基本管理能力），只有能力提升了，组织绩效才能明显改善。所以，华为的干部标准提出，绩效是必要条件，能力是关键分水岭。

最后，一个人最终能走到哪个领导层级，除了一点点贵人相助的运气，更为重要的是本身的素质。五项素质模型就是衡量一个人最终能走多远的尺子。管理者是企业的关键人群，也是稀缺资源，提拔谁，对个人和组织而言都是重大问题。领导梯队的价值，就是让职业经理人队伍像水流一样可以源源不断、持续供应，只有具备好的经理人梯队，才是企业长治久安的根本，因为企业管理的问题归根结底是人的问题。

对于哪些人可以进入梯队，百森445模型（四层管理站位、四项基本能力、五项基本素质）是有益的补充。

　　管理是相通的，深度思考并解决难题，让我更加接近大师的思想。知行合一，行是最好的知，6年坚持，近1万名管理者的评估与改善建议，就是最好的诠释！一口气读完《领导梯队》这本书，它与我一直坚持并推进的管理者445模型中的四层站位高度契合，而且大师的书更加细致与完善，让我收获满满。

　　值此英才辈出、创新无限的伟大时代，《领导梯队》的更新与出版，相信可以指导更多企业树立领导梯队建设的长期思维、科学理念和系统方法，有效助力企业领导者的转型和领导梯队建设，指引更多企业实现从优秀到卓越的成功转型！

拉姆·查兰给经理人的"三感"

> **陈为**
> 商业观察家,正和岛总编辑

《领导梯队》是管理大家拉姆·查兰广受欢迎的代表作之一。

这次通读新版《领导梯队》,发现这部经久不衰的作品具有历久弥新的价值。对经理人阶层而言,这部著作提供了关键的"三感"。

角色感

组织中的角色设定是正式的、明确的、效率驱动的。每种角色对应的理念、技能、内容,以及常见问题,需要有人厘清。这本书的几位作者在见过森林之后,对一棵树的情况了然于心,在大量实战案例调研的基础上,对组织中的各级领导角色都有针对性的解释。

管理即是人性与秩序的平衡。《中庸》有言,"君子素其位而行,不愿乎其外"。在情景设定之后,进行清晰有效的角色设定，让每个人进入角色，知道本分，是管理的前提。

信念感

有的演员演什么像什么，有的演员演什么都不像，或者演什么都只像自己，其中的原因除了演员本身的天分，就是基于角色的信念感。

所谓只有失败的演员，没有失败的角色，就是要有角色信仰。管理者的职能与此类似，既然承担相应的职责，扮演相应的角色，就要相信自己，人剑合一，知行合一，这样才能驱动团队达成绩效。

方向感

模型的好处是具备抽象性、规律性与系统性。

按照本书总结的领导人才成长的5个典型角色，每个经理人都会清楚自己目前的定位、工作重点与下一步的进阶方向。

领导工作头绪繁复、信息庞杂、变化多端，很多领导者在信息洪流、杂务缠身与外界诱惑下偏离本心、舍本逐末，唯有少数清醒笃定的人，始终清楚自己的出发点与目的地何在。而这种清醒，既源于领导者个人的修炼，也离不开外界的启示与提醒。

除了经理人的"三感"，这本书也启发了我对于卓越组织的思考。在我看来，这样一个团队，有至为关键的四个要素。

其一，是战略。

时与势，在什么时机，选择做什么，是决定性的。

简单地说，战略就是借势，管理就是借力。

当团队努力的方向与社会的期待、人心的向往一致时，就会如顺水推舟，事半功倍。所以，高层领导者对战略方向的抉择永远是企业的头等大事。

其二，是适位。

把人看准，把人用对，是领导者的核心功夫。

让生态里的草、灌、乔各得其所、各安其位、各尽所能，是领导力的核心体现。

遗憾的是，很多作品让文弱的演员去演帝王雄主，很多组织让保守的人去担纲攻城拔寨，注定没有善果。

其三，是"明星"。

明星般的灵魂人物，以耀眼的成就摧枯拉朽、创造奇迹。他们用天才与苦修对内安定人心、鼓舞士气，对外形成强大的品牌力与吸引力，悦近来远，难能可贵。

其四，是团魂。

灵魂人物可以更迭，但团魂应当永续。

要检验一个团队的优秀程度，应该去看这个团队有没有一致、深远又灵动的团魂。

一个没有魂的团队，是无本之木、无源之水，行而不远，为而难成。

《领导梯队》对于经理人的本职与远景、方向与方法，都给出了具体而微的描述与建议，堪称经理人的必读书。管理这一门学问在百年演化之后仍在奔腾向前,其中有诸多有价值的话题,例如,首席执行官是否应是首席产品经理或首席用户体验官,人工智能时代的组织结构与管理方式会如何重构,如何让组织成员成为共同的价值贡献者与利益共享者等。期待拉姆·查兰与各位管理研究者、实践者能保持关注,并积极回应这些"时代之问"。

做好人力资源工作的
三个法宝

| 姚琼
| OKR 敏捷绩效管理创始人，人力资源绩效管理专家

认真阅读管理大师拉姆·查兰的著作《领导梯队》（原书第 3 版），我逐渐进入心流状态。我觉得好像大师就坐在我的书桌旁，和我娓娓道来他这么多年在全球企业中的实践经验。他的话简单直白，通俗易懂。他提供的工具模板清晰明了。我作为在人力资源管理领域奋斗了 20 多年的职场人士，一眼就看到了这个方法论对企业的价值，这是管理界的瑰宝啊！同时作为 OKR 教练，这 10 年我一直奔波在企业一线，调研企业发展痛点，和创始人沟通，和管理者沟通，努力推广 OKR 目标管理方法论，所以我深深理解大师想要帮助企业提升管理能力的情怀。

我认为职场中的每一个人都应该阅读这本书，因为它可以帮助我们提升职场竞争力。20 年前，我还是一名培训助理，

努力工作后得到提升成了培训经理（初级经理人）。

那个时候，我花了很长时间才意识到自己是管理者，不能什么事都亲力亲为，忙得顾不上赋能团队，培养下属。等我晋升成为人事经理（中级经理人），我才发现我除了培训，对其他招聘、薪酬模块都不熟悉，我感受到了强烈的失控感，就像书里案例中的米格尔，下属都提出了辞职。多年以后通过跳槽我得到了人力资源总监的职位（职能负责人），直接向总经理汇报，这是件令人兴奋的事情，然而我却焦虑得头发都白了，每周一的业务核心班子例会、制定人力资源战略、理解业务和支持业务发展、对海外 HR 老板的虚线汇报，每一项工作对我来说都是一种挑战。当年我要是拥有领导梯队里面的三个法宝：工作理念、时间分配、领导技能，我的职场发展之路会更加游刃有余。

我推荐企业家、创始人、总经理阅读此书，你们所有的疑惑都能在书里找到答案。企业有 5000 人，我如何管得过来？我的团队执行力为什么不行？我招不到想要的人才，我的人才却流失了！我知道首席执行官们最关心的其实并不是利润，而是团队的发展和组织能力，因为这才是可持续发展的动力。领导梯队就是你们最好的武器，用起来吧！

我推荐人力资源人士阅读此书，并在企业内部推动领导梯队的试点和落地。它可以帮助人力资源部门做好所有的规划工作。领导梯队的调研可以成为培训需求的依据和课程指引，领导梯队评估可以作为管理者晋升与选拔的依据，也是绩效考核很好的支撑。领导梯队的整个框架与方法论是组织能力提升的重要组成部分。

书中还有一大亮点就是案例部分，栩栩如生的管理者案例都是大师在辅导企业时遇到的，我也遇到过类似的管理者。有优秀的管理者，如能干的简总，化解了集团人力资源总监与业务一把手的矛盾；也有失败的空降兵，如营销副总艾亚娜，她业务能力突出，但缺乏协同能力。书中有更多的案例等待你去发现和感受，你会发现这本书还是一部精彩的职场大片。

感谢拉姆·查兰管理大师给我们带来《领导梯队》（原书第3版），这本书不仅具有理论深度和实践指导意义，更为企业领导者和管理者提供了宝贵的经验和智慧，能够帮助大家应对挑战、实现目标。我也希望更多的职场人士能够阅读这本书，从中获得启发和指导，成为数字时代优秀的领导者。

宋志平

中国上市公司协会会长，中国企业改革与发展研究会首席专家

归根结底，企业是靠人做的，而"人"中的领导者非常关键，要提高企业的核心竞争力，就必须有出色的领导者和优秀的干部。其实领导和领导力是两码事，很多领导者虽身居要职，但往往不清楚自己的职责，不知道自己的核心业务是什么，这就容易出现领导者角色错位的情况，严重影响下属和企业的长期发展。管理大师拉姆·查兰的《领导梯队》解决的就是这方面的问题。他把一家企业的领导者划分为五种角色，并明确了每种角色的职责和所需的领导技能，从而帮助广大领导者明晰自己的职责所在，从主观和客观两方面，打造可以打胜仗的领导团队。无论是刚走上领导岗位的人，还是在领导岗位上不断转变角色、持续上升的人，都可以好好读一读这本书，提升自己的领导力。

关明生

阿里巴巴前总裁、首任COO，创业者和企业家教练，《关乎天下》作者

对于很多老板和创业者来说，企业经营的成效主要依赖

策略和领导力，发展生意和发展人永远都是相辅相成、缺一不可的。拉姆·查兰先生的《领导梯队》对于领导力——如何通过他人拿结果，给出了非常经典、非常翔实的梯队建设指导。大家甚至可以活学活用，结合自己生意所处的阶段和团队规模定义各级领导者的角色与职责，明确如何进行卓有成效的技能训练和转型升级。新版《领导梯队》还增添了很多与时俱进的内容和生动的例子，补充了数智时代和后疫情时代工作方式的变化，以及针对组织形态多样化这一特点给出的领导梯队落地建议。由此，这本书非常值得一读，更值得你践行！

杨国安
腾讯集团高级管理顾问，腾讯青腾教务长，"杨三角"和"杨五环"理论原创人

这些年来，不少企业都在探索数字化转型。它们更关注技术问题，以为请几个 AI 专家搞一两年就可以见到成效，结果往往草草收场。从本质来说，数字化转型是"人"的转型。在这个过程中，企业领导者至关重要，他们不仅要看到别人看不到的机会，说服、引领大家，还要坚持到底。但在现实中，让企业领导者对短期、可衡量的经营性业绩负责容易，但他们对长期规划和目标往往缺乏耐心，也没有分配足够的精力跟进战略的长线实施。拉姆·查兰在《领导梯队》中指出，企业管理者没能适应自身角色，未能理解自己的岗位职责，从而阻碍企业战略的实施，是普遍现象，也是"梯队模型"努力解决的问题。新版《领导梯队》成书于数字技术大爆发的当下，根据数字时代的企业特点做了大量更新和补充，使传统的领导梯队模型在数字时代拥有了新的生命力，有效帮助领导者了解自身的角色定位和岗位职责，从而聚焦长期目标，确保业务持续深入发展。

叶军
钉钉总裁

组织力的整体提升是企业发展的根本，只有具备有好的组织力，才会有好的业务成果。在数字化时代，管理者可以使用的技术和工具越来越多，他们可以更高效地将战略精神传达到一线去执行，可以更合理地分配时间，聚焦管理角色定位，专注提升领导技能，并且大胆对下属进行授权。"领导梯队"模型的实践价值已经在过去 20 年中得到验证，是企业组织建设定海神针一般的存在。新版《领导梯队》顺应数字技术时代的趋势，对管理者提出了更新的要求，这将有助于他们提升管理质量，让组织更加敏捷，激发个体的创造力。

宁向东
清华大学经济管理学院教授、博士生导师

大部分人并不是天生的卓越领导者，而是需要后期的刻意练习。很多人在刚走上领导岗位或者面临领导角色转换时，往往会出现错位，而这就是《领导梯队》想要解决的问题。通过明确不同领导角色的工作职责以及转型升级的三个要素——工作理念、时间分配和领导技能——每位领导者都能做到人岗匹配，更好地创造价值。

吴春波
中国人民大学公共管理学院教授，华为公司管理顾问

一个优秀的领导者，不仅要有高水平的领导力，还要有高超的人力资源管理能力。《领导梯队》是一部系统地展示领导者如何打造人力资源队伍的经典之作。

刘润
润米咨询创始人

从个人贡献者到各级经理人，再到企业领导者，每次领导角色的变化都意味着一次跃迁：你从自己动手解决问题，到学会带领团队更好更快地达成目标，再到为企业树立愿景、选对赛道、把好方向。在这个过程中，领导者需要提升自己的技能水平，并且一次又一次刷新工作理念，重新分配自己的时间和精力。由于受路径依赖和惯性思维的影响，在领导角色发生变化时，能及时切换、重新定位并不容易。拉姆·查兰在《领导梯队》中为领导者明确了在当前角色阶段应该把握的方向和做好的事项，帮助他们更快适应新身份，顺利开展工作，尽快做出成绩。

肖知兴
致极学院创办人，领教工坊学术委员会主席

我经常跟企业家朋友强调，一把手领导力的提升，有两个重要抓手，一是董事会的治理，二是人才梯队的建设。公司治理作为一门独立学问，有很多专业研究和专业书籍可以参考；人才梯队建设的专业性却往往容易被人们忽视。拉姆·查兰的这本《领导梯队》是业界公认的人才梯队建设圣经，系统地阐述了企业领军人才成长的五个阶段，可操作性极强。新版《领导梯队》还增加了人才梯队建设的实战策略和应用心得，更值得大家密切关注。

程浩
远望资本创始合伙人

在高速成长的创业公司中，业务扩张往往是一俊遮百丑，通常都会优先于人才和组织结构建设，但后者却是企业持续成长的基石。《领导梯队》提供了宝贵的洞见，帮助企业识别并补齐这一关键短板，确保企业能够长期成功。